독립운동가, 난민이 되다

독립운동가, 난민이 되다

초판 1쇄 발행 2024년 3월 8일 | **초판 3쇄 발행** 2025년 6월 30일
글쓴이 이은정 | **그린이** 이강훈
펴낸이 홍석 | **이사** 홍성우 | **편집부장** 이정은 | **책임편집** 조유진 | **편집** 오미현 · 노한나 | **디자인** 김영주
마케팅 이송희 | **제작** 홍보람 | **관리** 최우리 · 정원경 · 조영행
펴낸곳 도서출판 풀빛 | **등록** 1979년 3월 6일 제2021-000055호 | **제조국** 대한민국 | **사용연령** 10세 이상
주소 서울특별시 강서구 양천로 583 우림블루나인 A동 21층 2110호
전화 02-363-5995(영업) 02-362-8900(편집) | **팩스** 070-4275-0445
전자우편 kids@pulbit.co.kr | **홈페이지** www.pulbit.co.kr | **블로그** blog.naver.com/pulbitbooks | **인스타그램** instagram.com/pulbitkids

ISBN 979-11-6172-663-2 73910
ⓒ 이은정, 이강훈 2024
사진 18쪽 · 20쪽 · 130쪽 독립기념관, 55쪽 · 87쪽 위키미디어, 99쪽 국립중앙박물관, 이외 퍼블릭도메인

*책값은 뒤표지에 표시되어 있습니다.
*종이에 베이거나 긁히지 않도록 조심하세요. 책 모서리가 날카로우니 던지거나 떨어뜨리지 마세요.
*파본이나 잘못된 책은 구입하신 곳에서 바꿔드립니다.

| 작가의 말 |

학생들에게 역사를 가르치면서 많이 했던 말은 "무엇을 했을까?"와 "어디에서 했을까?"였어요. 인물의 삶보다는 업적에 중점을 둔 교육이었지요.

그런데 출판사로부터 《독립운동가, 난민이 되다》 원고를 부탁받았을 때, 아차 하는 생각이 들었어요. 독립운동가가 나라 잃은 난민이라는 것을 미처 생각하지 못했기 때문이에요.

일본 경찰의 감시를 피해 상하이에 도착한 권기옥이 힘겹게 입학한 항공 학교에서 받아야 했던 손가락질과 차별.

미국 유학길에 오른 안창호가 먹고살기 위해 미국인의 집에서 청소를 하며 느꼈을 좌절감.

임시 정부의 자금을 마련하기 위해 변장까지 하며 일해야 했던 김구. 임시 정부 식구들이 시장 쓰레기통에 버려진 배추 겉잎을 모아 김치를 만들어 먹었다는 일화…….

원고를 쓰는 내내 독립운동가들의 고단한 삶이 난민이었기 때문이라는 것을 이제야 알게 되었어요.

세계 어느 나라도 난민으로부터 자유로울 수 없고, 그 누구도 자기가 난민이 되리라 예상하지 못해요. 일제 강점기를 겪었던 우리나라 사람들처럼 말이지요. 해서 이 책을 읽는 친구들에게 난민을 따뜻하게 감싸 줄 수 있는 사람이 되었으면 한다는 말을 꼭 전해 주고 싶습니다.

이은정

| 차례 |

중국에서 비행사가 된 **권기옥** — 9

미국에 한인 노동자 캠프를 세운 **안창호** — 23

만주에 신흥 무관 학교를 세운 **이회영** — 41

상하이에서 독립운동을 이끈 **김구** — 57

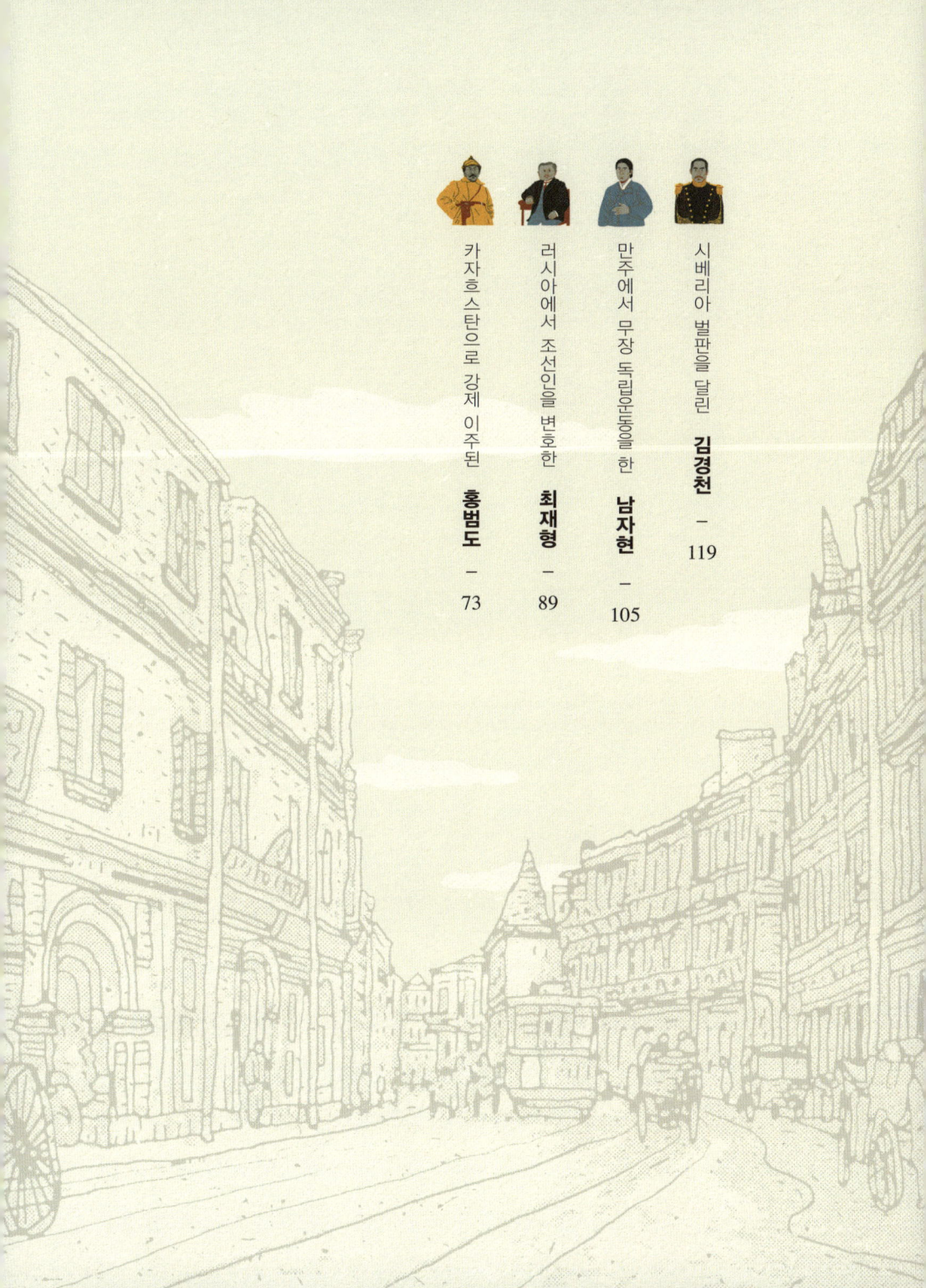

시베리아 벌판을 달린 **김경천** — 119

만주에서 무장 독립운동을 한 **남자현** — 105

러시아에서 조선인을 변호한 **최재형** — 89

카자흐스탄으로 강제 이주된 **홍범도** — 73

중국에서 비행사가 된
권 기 옥

윈난 육군 항공 학교

권기옥이 탄 비행기
코드롱 G.3

① ④ 조선
② 상하이
③ 윈난

| 1901 | 1920 | 1924 | 1937 | 1949 | 1957 | 1988 |
| 출생 | 상하이 밀항 | 윈난 육군 항공 학교 입학 | 중일 전쟁 참여 | 귀국 후 국방 위원회 전문 위원 활동 | 《한국 연감》 발행 시작 | 사망 |

'권기옥은 지독한 계집이다. 어떠한 고문에도 말을 하지 않으니 검찰에서 엄히 다루길 바란다.'

일본 형사 다나카는 권기옥을 검찰에 넘기면서 심문 조서에 쪽지를 넣어 보냈어요. 다나카는 권기옥을 고문해 독립운동의 배후 세력을 찾아내려 했지만, 권기옥은 자신이 계획하고 실행했다는 말만 되풀이했어요.

"형사님, 큰일 났습니다. 권기옥이 혼절했습니다."

혹독한 고문으로 끝내 권기옥은 기절했고, 다나카는 부랴부랴 석방했어요. 만에 하나 고문을 받다가 죽기라도 하면 곤란하니까요.

6개월간의 구금 생활을 마치고 1920년 봄, 집으로 돌아온 권기옥은 부모님의 보살핌을 받으며 몸을 추슬렀어요. 그리고 독립운동가를 숨겨 주고, 폭탄을 운반하며 독립운동을 이어 갔지요. 그러던 중 권기옥은 일본 경찰에 쫓기며 상하이로 떠나겠다고 결심했어요. 상하이에는 대한민국 임시 정부가 있어 독립운동을 조직적으로 할 수 있었거든요.

"중국에서 일본에 대적할 만한 힘을 기르겠어."

체포 직전, 권기옥은 멸치잡이 배를 타고 밀항에 성공했어요. 약 20일 만에 상하이에 도착했지만 중국 생활은 만만치 않앉어요. 어딜 가든 나라 잃은 설움을 느꼈지요. 이방인이라 가는 곳마다 사람들의 눈길을 받았고, '얼마예요?', '미안합니다.' 같은 조선말을 두고 낯선 중국어를 사용해야 했지요. 난민으로서 낯선 땅에 발을 내딛기란 쉽지 않았어요.

"권기옥 씨 맞죠? 손정도 의장 댁까지 모시겠습니다."

그런 권기옥에게 누군가 손을 내밀었어요.

임시 정부의 의장이 권기옥을 위해 사람을 보낸 것이었지요. 권기옥은 마중 나온 사람을 따라갔어요. 사람들의 시선이 자신에게만 꽂히는 것 같아 고개를 숙인 채 앞사람의 구두 뒤축만 보며 걸었지요.

의장 집에 머물던 권기옥은 중국어와 영어를 배우기 위해 중국 항저우에 있는 홍도 여학교에 입학했어요. 하지만 학교생활도 녹록하지 않았어요.

'이름이 뭐야?'라는 간단한 말조차 모르니 당연히 수업 내용도 알아들을 수 없었고요.

"천천히 말하면 안 될까?"

권기옥의 말에 학생들의 표정이 굳어졌어요.

"말하고 싶지 않아. 엄마가 조선 사람과 어울리면 일본 경찰이 잡아간다고 했어!"

권기옥도 알고 있었어요. 중국까지 손을 뻗친 일본이 엄한 꼬투리를 잡아서라도 행패를 부리고 있다는 것을요. 권기옥이 일본 경찰의 감시 대상이라는 사실이 알려지기라도 하면 언제 죽임을 당할지 모른다는 것도요.

권기옥은 이곳이 우리나라였으면 좋겠다고 생각했어요. 내가 나고 자란 곳이었다면 이런 수모를 당하지 않았을 거라는 생각에 눈이 시큰거렸어요. 하지만 이건 시작에 불과했어요. 권기옥을 힘들게 하는 사건은 한두 개가 아니었지요.

교실에 들어선 선생님이 학생들에게 말했어요.

"오늘은 지난번 시험 결과를 발표……."

"선생님, 우리 반 꼴찌는 또 권기옥이죠?"

학생들이 선생님의 말끝을 가로챘어요. 선생님은 별다른 제지 없이 말을 덧붙였어요.

"권기옥, 교실과 화장실 청소 말끔히 하도록."

말이 끝나기가 무섭게 여기저기서 키득거리는 소리가 들렸어요. 권기옥은 얼굴이 화끈거려 고개를 들 수 없었어요. 나라를 잃은 것도 억울한데 수모까지 당하는 현실이 끔찍했어요.

하루는 선생님이 권기옥을 불렀어요.

"권기옥, 학교를 그만두는 것이 어떠니? 학생들이 너와 같은 교실에서 공부하는 것이 싫다는구나."

권기옥은 선생님을 빤히 쳐다보았어요.

'어떻게 선생님이 학생에게 학교를 그만두라는 말을 할 수 있죠? 선생님이라면 부당한 이유로 다른 학생을 괴롭히는 학생에게 벌을 주어야 하는 거 아닌가요?'

선생님에게 하고 싶은 말이 많았지만, 입 밖으로 꺼내지 않았어요. 자신이 이런 일을 겪는 이유가 난민이기 때문이라는 것을 누구보다 잘 알고 있었으니까요. 권기옥이 할 수 있는 것은 난민이 된 사람을 함부로 대하는 이들을 미워하는 방법밖에 없었지요.

그리고 좀 더 나은 내일을 위해 눈물을 흘리는 대신 주먹을 불끈 쥐며 밤낮 가리지 않고 공부했어요. 시장에서 허드렛일을 하며 중국어를 익히고 반복해서 중얼거렸어요.

힘든 시간을 달린 권기옥은 어느 날, 고개를 들어 하늘을 보았어요. 별이 가득했어요. 반짝이는 별 사이에 빛을 잃어 가는 초라한 작은 별이 마치 자신 같았어요.

"나도 빛날 수 있을까……."

작게 중얼거리던 권기옥의 눈이 커졌어요.

"비행기 조종사!"

1917년에 보았던 곡예비행이 떠올랐기 때문이에요. 조종사가 되어 폭탄을 가득 실은 비행기를 몰고 일본으로 향하는 자신의 모습을 그려 보았어요. 힘이 나는 것 같았지요. 힘든 생활에 지쳐 잠시 잊었던 다짐을 되새겼어요.

'중국에서 일본에 대적할 만한 힘을 기르겠어.'

권기옥은 그 약속을 꼭 지키고 싶었어요.

하지만 난민에 여자인 권기옥이 중국에 있는 항공 학교에 입학하기란 하늘의 별 따기였어요. 1924년, 기옥은 머리를 짧게 자른 후 임시 정부의 도움을 받아 중국 남쪽 지역인 윈난성으로 떠났어요. 윈난 육군 항공 학교에 입학하기 위해 윈난성의 군사령관 탕지야오와 담판을 짓기 위해서였지요. 탕지야오가 물었어요.

"비행기 조종사가 되고 싶은 이유가 뭔가?"

"일본 천황이 있는 궁에 폭탄을 떨어뜨리고 싶습니다."

탕지야오가 권기옥을 빤히 바라보았어요. 행색은 엉망이었으나 빛나는 눈과 불끈 쥔 주먹에서 의지를 느낄 수 있었어요. 탕지야오가 희미한 미소를 띠었어요. 그리고 추천서를 건넸지요.

"비행기 조종사가 된 자네를 꼭 보고 싶네. 자네라면 꿈을 이룰 거라고 생각하네."

탕지야오의 말에 권기옥은 가슴이 부풀어 오르는 듯했어요. 자신을 사람으로 대해 주는 중국인이 처음이었기 때문이에요. 모두 자신을 난민이라고 꺼리거나 불쌍하게만 바라보았거든요. 추천서를 손에 쥔 권기옥은 단걸음에 윈난 육군 항공 학교에 달려가 입학 절차를 밟았어요.

들뜬 마음으로 학교에 들어간 권기옥은 빡빡한 수업에 숨이 막혔어요.

항공 학교의 학생은 대부분 남자였어요. 권기옥은 남학생과 경쟁하며 총검술과 사격 훈련 그리고 행군에도 빠짐없이 참여해 순위에 들어야 했어요. 그러지 않으면 쫓겨나거나 단독 비행 자격이 주어지지 않았거든요.

항공 학교에서도 난민이라는 꼬리표가 따라다녔어요. 고된 훈련에 헉헉거리기라도 하면 "너희 나라로 돌아가!"라는 말이

쏟아졌고, 행군하는 권기옥의 앞을 가로막기도 했어요. 참다못한 권기옥이 소리쳤어요.

"이런 비겁한 행동을 친구에게 하는 건 옳지 않아."

"친구? 넌 친구가 될 자격조차 없어. 나라가 없으면 부모를 잃은 것과 같다는 말도 몰라?"

"너 때문에 아까운 중국 학생 한 명이 입학을 못 했어. 더러운 난민. 에잇, 퉤!"

민족 전체를 무시하는 말에 화가 난 기옥은 침을 뱉은 학생에게 달려들었어요.

"권기옥에게 일주일간 금식을 명한다."

학교에서는 싸움을 주도한 사람이 권기옥이라며 권기옥에게만 벌을 내렸어요. 중국인이거나, 난민의 신분이 아니었다면 이런 결과가 나왔을까요? 권기옥은 억울하고 슬펐지만 굴하지 않고 훈련으로 극복했어요.

마침내 비행 실습이 시작되었어요. 교관은 일부러 어려운 상황을 연출했지만 권기옥은 지지 않았어요. 마침내 비행 실습이 모두 끝나고, 학생들이 운동장에 모였어요. 학생들을 둘러보던 교관이 큰 소리로 권기옥을 불렀어요.

"권기옥! 너에게 단독 비행을 허락한다."

권기옥은 비행 실습 시작 아홉 시간여 만에 단독 비행을 허락받은 것에 가슴이 벅차올랐어요. 그러나 운동장에는 환호 대신 정적이 흘렀어요. 축하하는 사람도 없었지요. 그때였어요. 실습을 담당한 교관이 엄지를 치켜세우자 운동장에 박수 소리가 하나둘 퍼졌어요. 친구들의 박수 소리를 듣고서야 권기옥의 입가에 미소가 번졌어요. 난민 권기옥이 아닌 비행기 조종사 권기옥의 노력과 실력을 인정한 것이었지요.

그렇게 권기옥은 차별을 이겨내 윈난 육군 항공 학교 제1기 졸업생이 되어, 우리나라 최초의 여자 비행사가 되었답니다.

학생의 신분으로 독립운동에 뛰어들다

권기옥은 숭현 소학교를 졸업한 후 숭의 여학교에 입학했어요. 그곳에서 교사로 근무하던 독립운동가 박현숙을 만나 반일 비밀 결사 송죽회에 가입해 독립운동에 뛰어들었어요. 송죽회는 숭의 여학교 교사와 출신 학생들이 만든 조직으로, 절개를 상징하는 '소나무 송(松)' 자와 '대나무 죽(竹)' 자를 따서 이름을 지었지요.

권기옥이 다녔던 숭의 여학교

숭의 여학교에 재학 중이던 1919년 3월 1일, 3·1 운동이 일어났어요. 권기옥은 태극기를 만들고 만세 운동을 하다 일본 경찰에 체포되어 유치장에 갇혔어요. 이후에는 임시 정부에 독립운동 자금을 보내고 모금 운동을 벌이다가 혹독한 옥살이를 했지요. 끔찍한 고문에도 권기옥은 어떤 말도 하지 않았어요. 6개월 후 풀려난 권기옥은 일본 경찰에 쫓기는 신세가 되었어요. 불안한 나날을 보내던 권기옥은 끝내 중국 상하이로 가기로 마음먹고 배에 올라탔지요.

비행기를 처음 본 순간부터

1917년, 용산에서 미국인 비행사 아트 스미스가 곡예비행을 선보였어요. 당시 숭의 여학교에 다니던 권기옥은 그날 처음 비행기를 보고 비행기 조종사의 꿈을 키웠어요. 목표는 단 하나, 조종사가 되어 비행기를 타고 일본 천황궁에 폭탄을 떨어뜨리는 것이었지요.

1920년, 중국에 도착한 권기옥은 임시 정부 임시 의정원 의장 손정도 목사의 집에 머물며 비행사가 되고 싶다고 밝혔어요. 그리고 임시 정부의 추천과 중국 윈난성 군사령관 탕지야오의 도움으로 윈난 육군 항공 학교에 입학했어요.

권기옥은 목표를 이루기 위해 다양한 훈련을 모두 이겨냈지요. 그리고 아홉 시간의 비행 실습을 마친 뒤 단독 비행의 기회를 얻는 데 성공했답니다.

윈난 육군 항공 학교에서 훈련하는 권기옥(가장 왼쪽)과 친구들

중국 군대에 들어간 조선인 비행사

윈난 육군 항공 학교 제1기생으로 졸업한 권기옥은 우리나라 최초 여성 비행사가 되었어요. 1925년 5월 상하이로 돌아왔지만 임시 정부의 재정 상황이 열악해 비행기를 구할 수 없었어요. 사정을 알게 된 권기옥은 비행 연습을 위해 중국 공군에 입대하는 선택을 했어요. 중국 군대에서 일본 침략에 맞설 비

행술을 익히는 것도 의미 있는 일이라 여긴 것이지요.

이후 권기옥은 1937년에 일어난 중일 전쟁에서의 활약을 인정받으며 중국 정부로부터 훈장을 받았어요. 그리고 중국 육군 참모 학교 교관으로 근무하며 영어와 일본어를 가르치고, 일본인을 구별하는 방법 등을 가르쳤지요.

우리나라에 공군이 창설되기까지

중국에서 교관으로 활동하던 권기옥은 1945년 8월 우리나라가 광복을 맞으며, 마침내 1949년에 고국 땅을 밟았어요. 그리고 국방 위원회 전문 위원으로 활동했지요. 그사이 우리나라에는 공군이 만들어졌어요. 권기옥이 공군 창설에 직접적으로 관여하지는 않았지만, 우리나라 최초의 여성 비행사이자 독립운동가여서 공군과 떼려야 뗄 수 없는 관계예요.

또한 권기옥은 형편이 어려워 공부를 포기한 학생들에게 장학금을 지원하고, 우리나라 역사를 기록한 《한국 연감》을 발행하며 여생을 보냈어요.

미국에 한인 노동자 캠프를 세운
안창호

샌프란시스코 옛 흥사단 건물

리버사이드 오렌지 농장

①, ④, ⑧ 조선
⑥ 상하이
⑦ 필리핀
②, ⑤ 샌프란시스코
③ 리버사이드

샌프란시스코 전차

1878	1898	1902	1907	1913	1928	1932	1938
출생	만민 공동회 참여	미국으로 이주	귀국 후 신민회 조직	흥사단 재건	필리핀 이상촌 건설 추진	윤봉길 의사 의거로 체포	사망

1860년, 모든 인간은 신 앞에 평등하다는 사상을 강조한 종교 동학이 만들어졌어요. 동학에 대한 서민층의 지지는 대단했어요. 양반의 착취와 학대로 힘든 생활을 하던 서민층에게 인간 평등을 내세운 동학은 구세주 같았거든요.

점점 동학을 믿고 따르는 사람이 많아지던 차, 1894년에 고부 군수 조병갑의 부패에 백성들이 저항하는 일이 일어났어요. 동학 농민 운동의 시작이었지요. 정부는 관리들을 보내 농민군을 물리치려 했어요. 이에 질세라 농민군은 전주성까지 점령하며 기세를 이어 갔지요. 더 이상 안 되겠다고 생각한 정부는 청나라에 동학 농민군에 맞설 군대를 요청했어요. 이 소식을 들은 일본도 혹여나 청나라가 조선을 삼킬까 걱정되어 조선으로 군대를 보냈어요. 이렇게 한반도에서 청일 전쟁이 벌어졌어요.

"청나라와 일본이 서로 조선을 가지겠다고 한반도에서 전쟁을 하다니……. 어떻게 이런 일이 일어날 수 있는가?"

"우리가 힘 있는 나라였다면, 그 어떤 나라도 조선 땅에서 소란을 피우지 못했을 거네."

안창호는 친구의 말에 끓어오르는 분노를 삭이지 못했어요. 안창호는 나라를 지키기 위해 자신이 할 수 있는 일을 찾았어요. 그러던 중 나라의 힘은 그 나라 백성의 지식수준에 있다는 것을 깨달았지요. 안창호는 그길로 친구를 찾아가 자신의 계획을 말했어요.

"나라를 구할 힘을 기르기 위해 신학문을 익히고 그것을 사람들에게 알리겠네."

친구가 물었어요.

"신학문을 선택한 이유가 있나?"

"변화하는 세상에 맞서 조선이 나아가려면 새로운 학문이 필요하기 때문이지."

"근데 신학문을 익힐 수 있는 곳이 있긴 할까?"

"외국인 선교사가 만든 구세 학당을 찾았네."

미국 선교사들이 세운 구세 학당에 입학한 안창호는 밤낮을 가리지 않고 공부했어요. 개화 운동가 유길준이 미국과 유럽을 여행하며 느낀 바를 적은 책 《서유견문》을 통해 서양의 문물을 익히고 조선 사회에 반영할 방법을 찾기도 했어요.

열일곱 소년이었던 안창호는 어느새 성인이 되어 1898년 만민 공동회 연설에도 나섰어요. 서양의 여러 강한 나라에 맞서 우리의 주권을 지키자는 내용이었지요.

"백성을 보살피고 도와야 할 관리들이 힘없는 백성을 짓밟고 재산을 빼앗고 있습니다. 탐관오리를 보고도 못 본 척하는 무능한 관리도 문제입니다. 이에 백성의 이름으로 탐관오리를 벌하고자 합니다."

"옳소! 시원하다!"

사람들은 무능한 관리를 비판하는 안창호의 연설에 환호했어요.

'그래. 내가 할 일은 사람들의 생각을 일깨우는 일이야. 큰 나라에서 더 많은 것을 배우고 익혀야겠어.'

안창호는 새로운 학문을 체계적으로 배우기 위해 아내와 함께 1902년 미국으로 가는 배에 올랐어요. 태평양을 가로지를 생각에 가슴이 두근거렸어요.

열흘 넘게 망망대해를 가로지르던 어느 날, 안창호는 수평선 너머 산처럼 솟은 섬을 발견했어요. 하와이였지요.

"산이다! 곧 육지에 닿을 수 있겠어!"

사람들이 외쳤어요. 오랜 시간 바다만 보던 사람들은 구름 사이로 우뚝 솟아 있는 산봉우리를 보고 곧 육지에 닿을 수 있겠다는 희망이 생겼어요.

그 순간 안창호는 자신의 호를 '섬 도(島)'와 '메 산(山)'을 써 '도산'이라고 짓기로 마음먹었어요. 승객들에게 희망을 준 하와이처럼, 자신도 우리나라 사람들에게 희망과 용기를 주는 사람이 되겠다는 다짐을 담은 이름이었지요.

　하와이를 거쳐 샌프란시스코에 도착한 안창호는 미국 풍경에 어안이 벙벙했어요. 우리나라와는 전혀 다른 모습이었거든요. 우리나라는 초가집 사이사이 간간이 자리 잡은 기와집에 너저분한 거리가 펼쳐져 있었다면, 샌프란시스코는 높다란 건물에 정돈된 거리가 인상적이었지요. 안창호는 미국의 문화를 우리나라에 적용해야겠다고 생각했어요.

안창호는 대한 제국에서 근무한 적이 있는 미국인 의사의 도움으로 그의 집에 머물렀어요. 하지만 남에게 폐를 끼쳐서는 안 된다는 생각에 가진 돈으로 어렵게 새로운 거처를 마련했지요. 그러고는 아내에게 이렇게 말했어요.

"돈이 떨어지기 전에 일자리를 구해야겠소."

"그래요. 저도 돕겠어요."

안창호는 미국인 집에서 허드렛일을 시작했어요. 하지만 겉모습과 사용하는 언어가 다르니 친절보다는 날 선 태도를 받는 게 일상이었지요. 그럼에도 안창호는 그만둘 수 없었어요. 돈을 벌어야 했으니까요.

어느 날 아내가 안창호의 거친 손을 어루만졌어요.

"당신 손이……."

아내는 더 이상 말을 잇지 못했어요. 손톱 밑과 손가락 마디가 찢어져 피가 나고 있었거든요. 하루에도 몇 번씩 구정물에 걸레를 빨고, 손을 말리지도 못한 채 일을 계속하니 손이 성할 수 없었어요.

"이제 이런 일 그만두고 당신이 미국에 온 목적대로 신학문을 공부하세요."

"당신 혼자서는 무리예요. 둘이 벌어도 벌이가 좋지 않은

데……."

"아닙니다. 서방님은 조국을 구해야 합니다. 그러니 학교부터 알아보세요."

안창호는 아내의 확고한 말에 토를 달 수 없었어요.

안창호는 기초부터 배우기 위해 초등학교를 찾았어요. 하지만 스물다섯의 동양인 성인 남성을 받아 줄 초등학교가 없었어요. 안창호는 포기하지 않았어요. 여러 번 문을 두드린 끝에 입학 허가를 받아 냈지요.

학교로부터 허가는 받았지만 학생들의 마음의 문을 여는 건 다른 문제였어요. 어린 학생들 눈에 성인 남성이 친구로 보일 리 만무했지요.

"선생님, 이 아저씨는 미국인도 아니면서 어떻게 우리 학교에 다니는 거예요? 정말 이해할 수 없어요."

"나이도 많잖아요!"

학생들의 항의가 끊이지 않았어요. 하지만 안창호는 묵묵히 견뎠어요.

그러던 어느 날 안창호는 시장 근처에서 충격적인 광경을 목격했어요. 조선 사람 둘이 상투를 맞잡은 채 몸싸움을 벌이는 모습이었어요.

"감히 내 손님을 가로채?"

"네 손님, 내 손님이 어디 있어?"

점점 격해지는 몸싸움에 미국인들이 주위를 둘러쌌어요. 저마다 손가락질을 하며 웃고 떠들었지요.

"세상에, 저게 뭔 모습이래? 머리를 둥글게 말아 올린 게 싸울 때 움켜쥐라는 이유였군. 하하하!"

"남의 나라에서 저렇게 시끄럽게 싸워대다니. 경찰은 저런 놈들 안 잡고 뭐 하나 몰라."

"이게 무슨 냄새야? 저들이 입은 구질구질한 옷 때문에 몸을 움직일 때마다 구린내가 진동하네."

"살다 보니 이런 재미난 구경도 하네. 며칠 전에도 싸우더니, 저 나라 사람들은 죄다 싸움꾼인 게 틀림없어."

미국인들은 동물원에 모여든 구경꾼처럼 한마디씩 거들었어요. 안창호는 사람들 사이를 비집고 들어가 두 사람을 떼어 놓았어요.

"남의 나라에서 동포끼리 싸움질이라니. 이게 무슨 짓이오. 사람들이 원숭이 보듯 쳐다보는 게 창피하지 않소?"

안창호가 힘겹게 두 사람을 갈라놓았어요. 두 사람은 분이 풀리지 않는 듯 헐떡거리며 서로를 노려보았어요. 싸움이 잦아들자 구경하러 모여든 사람들이 하나둘 흩어졌지요. 안창호가 두 사람에게 물었어요.

"도대체 무엇 때문에 그리 싸운 것이오?"

"이놈이 내 영역에서 인삼을 팔지 뭐요. 엄연히 각자 구역이 나누어져 있는데 말이오."

"내가 언제 그랬소?"

안창호는 안타까운 마음이 들었어요. 두 사람 모두 나라를 떠나와 먹고살기 위해 그랬다는 것을 알았기 때문이에요.

"이렇게 벌어도 세금 떼고, 집세 내고, 빵 부스러기 사면 남는 돈도 없소. 돈 벌겠다고 남의 나라에 왔는데 일자리를 얻을 수 없으니 돈은커녕 죽을 날만 기다릴 판이오."

"조국으로 가고 싶어도 차비가 없어 못 가는 신세라니. 돌아가면 뭐 하겠소. 이 나라 저 나라 놈들이 죄다 우리 땅을 갖겠다고 난리 치고 있으니. 에휴, 무슨 팔자가 이래."

두 사람의 말이 가슴에 비수처럼 꽂혔어요. 어떻게든 살아 보겠다고 나라를 떠나왔건만, 미국에서는 난민과 다름없는 자신들을 포근히 안아 주지 않았거든요.

안창호는 동포들의 삶을 개선하는 것이 시급하다고 생각했어요. 그리고 생각을 실천하려면 한인이 모여 사는 곳을 찾는 것이 우선이라는 것도 알고 있었지요. 안창호는 수소문 끝에 한인들이 캘리포니아 남쪽에 위치한 리버사이드의 한 오렌지 농장에서 일하고 있다는 것을 알아냈어요. 1904년, 안창호는 그 길로 샌프란시스코를 떠나 리버사이드로 향했어요.

리버사이드에 위치한 동포의 집을 차례대로 방문한 안창호는 한숨이 절로 나왔어요. 부스스하고 기름진 머리에서는 고약한 냄새가 진동했고 옷은 얼룩덜룩 찌든 때가 묻어 있었어요. 보기만 해도 눈살이 찌푸려졌지요. 심지어 일자리를 구하지 못한 동포는 길바닥에 떨어진 음식을 주워 먹기도 했어요. 모든 환경이 깨끗함과는 거리가 멀었고, 타인을 대하는 태도 또한 좋지 않았어요. 같은 동포가 보아도 형편없는 모습인데, 다른 나라 사람이 보기에 좋을 리가 없었어요.

"동포들의 삶을 돌보겠다는 사람이 빈손으로 왔소? 퉤! 저리 꺼지시오."

동포의 불친절한 말에 안창호는 고개를 떨구었어요.

'같은 민족에게도 이리 거칠게 대하는데, 다른 사람에게는 어떨지 눈에 훤하구나. 게다가 장소를 가리지 않고 침부터 뱉으니……'

그날로 안창호는 리버사이드의 비어 있는 건물 20여 채를 계

약해 한인 노동자 캠프인 파차파 캠프를 세웠어요. 우리 민족의 단결을 이루고 그들의 삶을 안정시키기 위해서였지요. 틈날 때마다 동포들의 집을 방문하고, 함께 오렌지 농장에서 일하며 부드럽지만 강단 있는 어투로 말했어요.

"우리를 냄새나는 민족이라 부르는 이유는 청결하지 않기 때문입니다. 머리를 자주 감을 수 없다면 짧게 자르는 게 낫습니다. 또 길을 걷다 사람들과 부딪혔을 때는 욕 대신 미안하다고 해야 합니다. 기분이 나쁘거나 화가 난다고 거리에서 싸우는 것도 안 됩니다."

오렌지 따는 시범을 보이며 노동자의 자세에 대해서도 이야기했지요.

"어떤 일이든 자신이 맡은 것은 책임감을 갖고 꼼꼼히 해야 합니다. '나 하나쯤이야.' 또는 '이거 하나쯤이야.'라는 행동은 자칫 한인이 모두 그렇다는 인식을 심어 줄 수 있습니다. 현재 오렌지 농장의 일손이 부족하긴 하나, 일본인이 경영하는 농장이 많다 보니 일본인들에게 일자리 기회가 먼저 가고 있습니다. 이런 상황을 해결할 유일한 방법은 우리가 다른 이방인과 다르다는 인식을 심어 주는 것입니다."

처음에 안창호의 진심을 의심하던 동포들이 점점 그를 믿고 따르기 시작했어요. 어느새 리버사이드에 사는 한인들은 행색이 깔끔해지고, 자신이 맡은 일도 열심히 하게 되었지요.

"감사합니다. 모두 선생님 덕분이에요."

"리버사이드를 찾는 동포들이 많아졌습니다. 감사해요, 선생님."

안창호는 자신의 노력이 헛되지 않음을 증명한 동포들에게 고마움을 전했어요.

"여러분들이 노력한 결과입니다. 제가 더 고맙습니다."

이후 파차파 캠프는 미국 최초 한인 타운이 되었어요.

오렌지 수확이 끝나면 복숭아와 포도 농장에 다니며 쉬지 않고 일하던 어느 날, 믿을 수 없는 소식이 들려왔어요. 1905년 일본이 조선을 손아귀에 넣기 위해 우리나라의 외교권을 빼앗는 을사조약을 체결하고, 통감부를 설치했다는 내용이었어요.

안창호는 자신과 함께 한인 마을을 이끌던 동포들에게 말했어요.

"을사조약으로 우리나라가 사실상 일본의 식민지가 되었습니다. 난민처럼 살던 우리가 정말 난민이 된 것이지요. 그리하여 난 조국으로 돌아가 일본을 응징할 방법을 찾기로 했습니다. 이곳을 잘 부탁합니다."

 그렇게 안창호는 1907년, 조국으로 돌아가는 배에 올랐어요. 이후 파차파 캠프는 독립운동과 민주주의 정신의 발원지가 되었답니다.

미국에 사는 한인들을 모으다

1902년 미국으로 건너간 안창호는 샌프란시스코에서 한인 친목회를 만든 이후 1905년 공립 협회를 설립했어요. 안창호가 공립 협회를 만든 이유는 한인들의 열악한 생활을 개선하고, 야학을 개설하고, 회원들을 교육시키기 위해서였어요. 협회는 신문 《공립신보》를 발행해 동포들의 생활 향상과 계몽 활동에 힘쓰며 국내외를 통틀어 매우 힘 있는 단체 중 하나로 성장했어요.

안창호(앞줄 맨 오른쪽)와 공립 협회 회원들

조국으로 돌아와서

1907년 조국으로 돌아온 안창호는 이갑, 양기탁, 신채호 등의 독립운동가와 비밀 결사 단체인 신민회를 조직했어요. 신민회는 교육과 산업을 발전시키고, 독립운동 기지를 건설하기 위해 노력했지요.

하지만 신민회 활동은 쉽지 않았어요. 을사조약이 체결된 이후 조선에 설치된 통감부에서는 신문을 탄압하기 위한 신문지법, 광장에 문서나 그림 부착을 막기 위한 보안법과 같은 악법을 만들었거든요.

탄압이 심해지자 안창호와 몇몇 청년들이 국권을 회복하자는 목표 아래 민족 교육을 실시하고, 인재를 양성했지요. 태극서관이라는 출판사와 도자기 회사를 만들어 민족 자본을 만들고자 애를 쓰기도 했고요.

임시 정부의 기초를 세운 도산

1919년 미국에서 조국의 3·1 운동 소식을 들은 안창호는 상하이로 건너가 임시 정부에 합류했어요. 내무총장직을 맡은 안창호는 임시 정부가 머물 정부 청사를 얻고, 각지로 흩어진 인재들을 불러모으는 등 임시 정부의 기틀을 다지기 위해 노력했지요. 당시 임시 정부는 독립운동의 방향을 두고 세력 간에 갈등이 있었는데, 이를 해결하기 위해 국민 대표 회의를 개최하기도 했고요.

또한 안창호는 국내외에서 각기 활동하는 독립운동 세력들의 통일을 강조했어요. '독립운동의 방침'이라는 연설을 하며 한마음으로 통합된 임시 정부를 수립하기 위해 끊임없이 노력했답니다.

대한민국 임시 정부 국무원 기념 사진
(뒷줄 맨 왼쪽부터 시계 방향으로 김철, 윤현진, 최창석, 이춘숙, 현순, 안창호, 신익희)

죽는 날까지 독립운동을 위하여

중국과 미국을 오가며 활동하던 안창호는 1932년 윤봉길 의사의 훙커우 공원 폭탄 사건에 연루되면서 일본 경찰에 붙잡히고 말았어요. 당시 4년 형을 선고받은 안창호는 2년 6개월이 지 났을 무렵 나와 독립운동을 이어 가기 위해 노력했어요.

  그러나 우리나라에 어떤 독립운동 단체도 남겨 두고 싶지 않았던 일본은 동우회를 이끌던 안창호를 압박했어요. 동우회는 안창호가 샌프란시스코에서 만든 흥사단과 밀접한 관계가 있는 단체로, 교육과 계몽 운동을 했지요. 끝내 안창호는 1937년에 또다시 체포되었고, 옥중에서 얻은 병마를 이기지 못한 채 눈을 감고 말았어요.

만주에 신흥 무관 학교를 세운
이 회 영

뤼순 감옥

신흥 무관 학교

② 만주
③ 베이징
① 조선
④ 상하이

1867년	1907년	1910년	1911년	1919년	1924년	1932년
출생	신민회 결성, 헤이그 특사 파견 주도	만주 망명	신흥 강습소 설립	신흥 무관 학교 설립	의열단 후원	사망

"태양기를 사용하라고 한 지가 언젠데, 아직도 태극기를 꽂고 있어?"

일본 경찰들이 이회영에게 발길질을 했어요.

"이놈들아, 난 잘못한 것이 없다. 내 나라에서 내 나라 국기를 꽂는 게 어찌 잘못이란 말이냐!"

일본은 1910년 10월, 집마다 일본 국기인 태양기를 세우라고 채근했어요. 하지만 사람들은 말을 듣지 않았어요. 이에 열이 받은 일본은 조선인을 마구잡이로 잡아들여 때리거나 재산을 빼앗았어요.

"회영 어르신, 일본놈들이 아주 뻔뻔해서 미칠 지경입니다. 토지 조사한다며 땅을 빼앗은 지가 엊그제인데, 이번에는 키우는 개랑 뽕나무 개수까지 세어서 신고하랍니다. 넋 놓고 있다간 한반도를 일본 땅이라고 우기겠어요."

동네 사람들의 말에 이회영은 둘째 형 석영을 찾아갔어요.

"형님, 이러다간 일본에 짓밟히고 말 겁니다. 나라 잃은 난민이 된 것도 모자라서, 우리 백성이 일본의 노예가 되는 것은 막아야 하지 않겠습니까?"

형은 방법이 있느냐고 물었어요. 이회영은 독립군을 키우면 어떻겠느냐고 물었지요.

"독립군을 키운다고? 일본이 하루 온종일 눈에 불을 켜고 있는데 가당키나 한 일인가?"

"걱정 마세요. 만주에 일본의 감시가 느슨한 곳이 있습니다. 산이 높고 험해 독립군을 키우기에 적당하지요."

이회영은 추가가라는 곳에 대해 이야기했어요. 추가가는 중국 만주의 추씨 성들이 모여 사는 곳으로, 1909년에 이회영이 신민회 회원들과 만주로 답사를 갔다가 알게 되었지요.

"좋네. 내가 가진 재산을 모두 보태겠네. 그리고 나도 함께 추가가로 가겠어."

다른 형제들 또한 이회영의 계획에 동참하며 자금 마련을 위해 재산을 처분하기로 했어요.

이회영의 가족은 일본의 눈을 피해 논과 밭 그리고 집과 가축을 팔았어요. 당시 이회영의 가족은 재산이 어마어마했어요. 전 재산을 팔아 만든 돈이 약 40만 원(지금의 650억 원 정도)이나 될 정도였지요.

이렇게 여섯 형제가 만주로 갈 준비를 마쳤어요. 하지만 60여 명이나 되는 대가족이 일본의 눈을 피해 떠나기란 쉽지 않았어요. 이회영은 가족들을 먼저 만주로 보내고, 한 달 정도 늦게 만주로 출발했어요. 압록강을 건너는 데 도움을 준 뱃사람에게 큰돈을 쥐여 주었지요.

"아이고, 이렇게 많은 돈은 받을 수 없습니다."

"받아 두세요. 앞으로 많은 우리나라 사람들이 압록강을 건너려 할 것입니다. 일본 놈들을 피해 강을 건너려는 사람도 있을 테고, 나라를 위해 몸 바치겠다고 나선 사람도 있을 테지요. 급하게 떠나려는 이들이기에 혹여 뱃삯이 없다고 하면 그냥 건네주시오."

이회영은 압록강 너머의 조국을 바라보며 생각했어요.

'일본을 피해 도망가는 것이 아니다. 일본을 무찌를 힘을 갖기 위해 잠시 떠나는 것뿐……'

만주는 온통 눈으로 덮여 있었어요. 넓디넓은 땅이 눈에 덮여 있으니 길을 잡기 어려웠어요. 발이 푹푹 빠지고 허벅지가 얼어, 금세라도 쓰러질 것 같았지요. 이회영은 힘든 길을 걸었을 가족 생각에 마음이 아팠어요. 자신을 기다리고 있을 일행을 위해 언 발을 바삐 움직였어요.

해가 넘어갈 무렵, 멀리서 피어오르는 연기를 발견했어요. 이회영은 가족들을 만날 생각에 설렜지요. 하지만 눈앞에 펼쳐진 광경에 할 말을 잃었어요. 60여 명이 겨우 방 세 칸에서 생활하고 있었거든요. 이회영은 차마 고개를 들지 못했어요.

"죄송합니다."

"괜찮네. 남의 나라에서 이 정도면 됐지. 우리가 편하게 살자고 나라를 떠난 건 아니지 않은가."

이회영은 하루라도 빨리 독립군을 키울 학교를 세워야겠다고 다짐했어요. 하지만 생각만큼 쉽지 않았어요. 난민 신분으로는 집이나 땅을 사기 어려웠지요.

그러던 어느 날이었어요.

"이게 무슨 행패요?"

이회영은 밖에서 들리는 아내의 목소리에 급히 방문을 열었어요. 중국 군인과 경찰이 집을 에워싸고 있었지요.

"일본과 합세해서 중국을 치러 온 놈들이 어디서 큰소리야?"

"일본에 밟히기 싫어 조국을 떠나온 우리에게 일본의 앞잡이라니. 당치도 않소. 아우가 형의 집을 찾듯, 가까운 중국을 찾아왔거늘 어찌 나가라 하는 것이오?"

위협에도 기죽지 않는 이회영의 모습에 대장으로 보이는 이가 말을 받았어요.

"미안하오. 우리가 잘못된 정보를 받은 것 같소. 이곳을 찾는 한인들은 대부분 적은 인원에 감자나 칡뿌리를 캐어 먹곤 하는데, 당신들은 인원도 많고 마차에 짐도 가득 실려 있어 주민들이 오해한 것 같소."

조국에 있었다면 겪지 않아도 될 일이었어요. 더욱이 추가가 주민들이 이회영의 가족을 오해하고 있다고 하니 더 답답했지요. 이회영은 추가가 원주민의 경계심을 푸는 것이 우선이라 생각했어요. 낯선 이방인이자 난민이기에 경계심을 푸는 과정이 필요했던 것이지요.

"이들처럼 머리도 깎고 옷도 갈아입어야 할 것 같습니다."

이회영의 뜻에 따라 가족들과 몇몇 독립운동가가 만주족 옷을 입었어요. 늘 보던 사람들이 다른 나라의 옷을 입은 모습은 영 낯설었어요.

'일본에 나라를 빼앗기지 않았다면, 그래서 난민이 되지 않았다면, 이런 수모를 당하지 않아도 될 텐데…….'

결국 이회영은 중국의 정치가 위안스카이를 찾아갔어요. 위안스카이는 이전부터 이회영과 친분이 있었기 때문이에요.

"우리는 일본에 맞설 힘을 키우기 위해 중국에 왔습니다. 하지만 중국인 신분이 아니니 변변한 집을 사기도, 땅을 구하기도 어렵습니다. 저희가 자리를 잡을 수 있도록 도와주십시오."

위안스카이는 부탁을 흔쾌히 들어주었어요.

1911년 4월, 만주에 도착한 지 약 3개월 만에 이회영은 한인 자치 조직인 경학사를 만들었어요. 경학사는 한인들의 생활을 안정화하기 위해 세운 단체로, 농업을 장려하고 청년들에게 교육을 통해 인재를 양성하는 데 힘을 쏟았어요.

그리고 마침내 신흥 강습소도 열었어요. 허름한 옥수수 창고일 뿐이었지만, 군사 학교 역할에는 문제가 없었지요.

"신흥 강습소를 열기까지, 함께 힘써 주셔서 감사합니다. 이곳에서는 독립군을 키워 낼 것입니다. 신민회의 '신' 자와 다시 일어난다는 뜻의 '흥' 자를 따와 신흥 강습소라고 지었습니다."

이회영은 무관 학교라는 이름을 붙이고 싶었지만 일본의 감시를 피하기 위해 강습소라고 했어요.

경학사와 신흥 강습소가 문을 열자 많은 독립운동가가 만주로 모여들었어요. 신민회 출신의 민족 지도자들과 일본 육군

사관 학교에서 신식 교육을 받은 군사들도 찾아왔지요. 나라를 되찾겠다는 뜻이 모이다 보니 신흥 강습소는 빠르게 자리를 잡아 갔어요.

하지만 아쉬운 점이 있었어요. 눈에 잘 띄는 위치라 위험하다는 사실이었어요. 이회영이 새로운 의견을 냈어요.

"신흥 강습소를 만주 합니하 지역으로 옮기겠습니다. 합니하는 이곳보다 험한 곳이긴 하나, 그만큼 눈에 띌 위험이 적어 지금보다 안전하게 군사 교육을 할 수 있습니다."

"옥수수 창고를 개조해 쓰다 보니 불편한 것이 많았는데 좋은 생각입니다."

합니하에 도착한 이회영은 학교를 세우기 위해 일꾼을 모집했어요. 건물을 세우는 것부터 시작해야 해서 일손이 많이 필요했지요. 학교를 세운다는 소식을 들은 독립운동가들이 손을 보태겠다고 찾아왔어요. 이회영은 이들의 바람도 자신과 같을 거라 여기며 낮에는 함께 학교를 세우고, 밤에는 공부와 훈련을 이어 갔어요. 부족한 공사비를 메우기 위해 중국인들의 농사를 거들거나 땔감을 만들어 팔기도 했지요.

여러 사람의 노력으로 강당과 교무실 그리고 숙직실과 식당이 갖춰진 건물이 완성되었어요. 이회영은 운동장에 모인 학생들을 보자 가슴이 뭉클해졌어요. 동시에 책임감으로 어깨가 무거워졌지요.

"고생했습니다. 여러분이 있었기에 새로운 신흥 강습소, 신흥 중학교를 세울 수 있었습니다. 난민의 신분으로는 다른 나라에서 작은 일을 하기도, 땅을 사거나 집을 짓기도 힘듭니다. 하지만 우리 모두 '독립'이라는 하나의 목표를 가진 난민이기에 이렇게 꿈을 이룰 수 있었습니다. 신흥 중학교에서는 따로 학비를 받지 않겠습니다. 삼시 세끼를 다 해결할 수는 없으나, 두 끼라도 해결할 수 있도록 노력하겠습니다. 이곳에서 열심히 훈련받아 우리나라를 되찾읍시다! 난민이 아닌 자랑스러운 대한 사람이 됩시다!"

이회영의 말에 사람들은 모두 박수를 쳤어요.

이후 신흥 중학교는 1919년 3·1 운동 이후 위치를 옮기고 신흥 무관 학교로 이름을 바꾸었어요. 신흥 무관 학교에서는 무려 3,500여 명의 독립운동가가 탄생했답니다.

근대 사상을 받아들이다

신분제 사회였던 조선은 임진왜란과 병자호란을 겪으며 정치적, 사회적으로 변화하기 시작했어요. 사회 개혁을 주장하는 사람이 늘어나고, 새로운 사상과 학문이 생겨나고, 상공업이 활발해지면서 신분제에 반발하는 봉기가 일어났거든요. 이에 조선은 자유롭고 평등한 사회를 만드는 동시에 일본의 침략에 맞서야 했어요. 이러한 문제를 해결하기 위해 개화사상이 일어났지요. 개화사상이란 서양의 근대 문명을 받아들여 봉건적인 제도나 사상을 없애고 변화를 지향하는 거예요.

청년이 된 이회영도 근대 학문을 배우며 서양 문화를 받아들이려 노력했어요. 또한 근대 사회는 신분 차별이 없는 평등한 사회여야 한다고 생각하며 노비에게 존댓말을 쓰기 시작했지요. 집안의 노비를 해방하기도 했답니다.

총과 칼을 앞세운 을사조약

일본은 1904년 러일 전쟁 이후 대한 제국 식민지화에 속도를

냈어요. 군대와 경찰을 앞세워 외교권을 빼앗고 통감부를 설치하는 을사조약을 강제로 맺었지요. 대한 제국이 일본의 보호를 받는다는 내용이었어요. 을사조약으로 대한 제국은 일본의 식민지가 된 것이나 다름없게 되었답니다. 우리는 을사조약을 '을사늑약'이라고 부르기 시작했어요. '늑약'이란 억지로 맺은 조약이라는 뜻이지요.

사람들은 나라의 운명을 걱정하며 다양한 방법으로 저항했어요. 먼저 을사조약을 맺는 데 앞장섰던 이완용, 박제순, 이지용, 이근택, 권중현 을사오적을 암살하기로 했어요. 계획을 실행하기 위해서는 활동 비용이 필요했지요. 이에 이회영은 오적 암살단에게 활동비를 지원하고, 을사조약의 부당함을 세계에 알리기로 했어요. 그리하여 제26대 왕 고종에게 헤이그에서 열리는 만국 평화 회의에 특사를 파견하여 부당함을 알리자는 의견을 전달하기도 했어요.

헤이그 특사 (왼쪽부터 이준, 이상설, 이위종)

전 재산을 독립운동에

1909년 이후 일본의 탄압은 날로 거세졌어요. 국내에서의 실력 양성 운동만으로는 우리 주권을 회복하기 어렵다고 판단했어요.

독립운동을 주도하던 사람들은 해외에 무장 투쟁 기지를 건설하자는 의견을 제시했고, 이 과정에서 이회영을 포함한 여섯 형제가 전 재산을 처분하기로 했어요. 당시 이회영의 집안은 명성 있는 양반가였거든요.

이회영 형제는 가족들을 이끌고 만주 삼원보와 서간도에서 독립운동 기지를 건설했어요. 그리고 이주 동포들의 정착을 돕는 단체를 만들기도 했지요.

이회영 형제가 세운 신흥 강습소는 신흥 중학교를 거쳐 훗날 신흥 무관 학교가 되었고, 독립군 양성의 발판이 되었어요. 만주에서 활동한 독립운동가라면 대부분 신흥 무관 학교를 나온 정도였지요.

뤼순 감옥에서의 마지막

만주에서 독립군을 길러 내던 이회영은 1913년 잠깐 고국으로 돌아왔어요. 부족한 독립운동 자금을 마련하고 고종을 중국으로 망명시키기 위해서였어요. 하지만 갑작스러운 고종의 죽음으로 계획은 뜻대로 이뤄지지 못했답니다.

1931년 이회영의 모습

이후 이회영은 상하이로 돌아가 일본 기관과 기물을 파괴하는 비밀 행동 조직인 흑색공포단을 조직했어요. 1931년 말부터 1932년 초까지 흑색공포단은 중국 내 친일파를 죽이고, 일본 군수 물자를 실은 배를 폭파하는 등 엄청난 활약을 했어요. 중국 톈진 일본 영사관에 폭탄을 투척한 다음, 한 명도 잡히지 않고 도주에 성공하기도 했지요.

이 무렵 중국 동북 지역에서는 일본의 침략으로 독립운동가들이 대거 잡혀갔어요. 화가 난 이회영은 일본군 사령관을 처단하고 동북 쪽에 새로 거점을 확보하기 위해 상하이에서 이동하기로 결심했지요.

많은 사람이 위험하다고 말렸으나 이회영은 계획을 실천하는 데만 집중했어요. 1932년 11월 배를 타고 출발한 이회영은 항구에 도착하자마자 일본 경찰에 붙잡히고 말았어요. 밀정들이 이회영이 온다는 사실을 일본 영사관에 알려 이미 계획이 들통 난 것이었지요.

뤼순 감옥에 갇힌 이회영은 체포당한 지 나흘 만에 모진 고문으로 세상을 떠나고 말았답니다.

이회영이 생을 마감한 뤼순 감옥

1895년 9월, 명성 황후가 일본인에게 시해되는 참혹한 사건이 일어났어요.

김구는 1896년 2월, 만주에서 조선으로 돌아오는 길에 황해도의 한 나루터 주막에 머물렀어요. 이때 조선인으로 위장한 일본인이 김구의 눈에 들어왔어요. 자세히 보니 허리춤에 칼도 차고 있었지요. 순간 김구는 황후를 살해한 일본인 중 한 명일 거라는 생각이 들어, 그가 차고 있던 칼을 빼내 휘둘렀어요.

"조선의 국모를 시해한 것이 네가 죽는 이유다."

그러고는 일본인을 죽인 사람이 자신이니, 범인을 잡고 싶으면 황해도 해주로 찾아오란 메모를 남겼어요. 옆에 있던 노인이 물었어요.

"이보시오. 숨어도 모자랄 판에 자신의 위치를 알리다니. 어쩌려고 그러시오?"

"나로 인해 무고한 조선인이 다치면 안 되기 때문입니다."

이후 김구는 자신을 찾아온 일본군에게 잡혔어요. 일본군은 김구를 감옥에 가두고 사형을 선고했어요. 하지만 김구의 죄를 알게 된 고종이 사형 집행을 막아 주었지요.

"일본 놈들은 내가 죽기를 바라고 있으나 나는 놈들의 뜻대로 움직여 줄 생각이 없다. 내가 할 일은 조선 땅에서 일본 놈들을 쫓아내는 것이고, 이를 실현하기 위해 싸울 것이다. 나는 놈들을 처단하고 목표한 바를 이루기 위해 탈옥할 것이다."

 마침내 탈옥에 성공한 김구는 일본의 감시를 피해 다니며 항일 운동을 했어요. 1905년 을사조약으로 일본이 외교권을 빼앗아 가자 을사조약의 무효를 주장하는 운동을 하고, 비밀 항일 운동 단체 신민회에 가입해 활동하면서 학생들을 가르치기도 했지요.

 하지만 일본의 감시망을 계속 피할 수 있는 건 아니었어요. 우리나라를 식민지로 만들려는 일본이 민족 운동가들을 마구 잡아들이기 시작했지요. 김구도 이때 잡혀 15년 형을 선고받았어요. 모진 고문 속에서도 김구는 형무소에 있는 사람들에게 글을 가르치며 독립 의지를 굽히지 않았어요. 1914년 특별 사면으로 풀려나긴 했으나 일본의 감시망은 늘 김구를 따라다녔어요.

 만세삼창을 시작으로 1919년 3·1 운동이 일어났어요.

 "대한 독립 만세! 만세! 만세!"

 놀란 일본군이 총과 칼을 들이밀었지만 사람들은 굴하지 않고 만세 운동을 이어 갔어요. 이 일로 우리나라의 독립 의지를 전 세계가 알게 되었어요. 동시에 일본이 독립운동가들을 무자

비하게 잡아들이는 계기가 되기도 했고요.

"임시 정부가 있는 상하이로 떠나야겠소."

김구가 아내에게 말했어요.

"그러세요. 몇 명만 모여도 잡아들이는 판이니 독립운동을 위해서라도 떠나는 것이 좋을 것 같아요. 저와 아이 걱정은 마시고요."

김구는 아내의 말에 고개를 끄덕이며 잠든 아들의 머리를 쓰다듬었어요.

"다시 만날 날이 있을 것이오."

김구는 아내의 배웅을 받으며 상하이로 향하는 배에 올랐어요. 생전 처음 와 본 낯선 도시 상하이는 영어와 중국어가 뒤섞여 들렸어요. 김구는 멍하니 서 있었어요. 두려운 마음이 들었지만 물러설 수는 없었지요.

허기진 배를 부여잡고 힘겹게 상하이 대한민국 임시 정부 청사에 도착했어요. 어떤 일이라도 괜찮으니 임시 정부에서 일하고 싶었어요.

"제가 도움이 된다면 문지기라도 좋습니다."

임시 정부에서는 먼 길을 온 김구에게 고마움을 표하며 임시 정부 요원으로 활동할 수 있도록 했어요. 임시 정부 생활은 생각했던 것 이상으로 열악했어요. 운영 자금 대부분이 동포들의 지원금이다 보니 허투루 쓸 수 없었거든요.

 김구도 일자리를 찾아 나섰어요. 그러던 어느 날이었어요. 상하이 시장 한복판에서 중국인이 동포를 발로 차며 욕을 하고 있었어요.

 "감히 누굴 속이려 들어? 고려 인삼이라고 속여 파는 놈들이 있다더니. 그놈이 네놈이렷다! 남의 나라에 왔으면 조용히 있다가 갈 것이지. 나라도 없는 놈이 짝퉁을 진품이라고 속여 팔기

까지 하다니."

그러고는 광주리에 든 인삼을 가져가려 했어요.

"안 됩니다. 이건 저희 식구 생명 줄입니다. 가져가시려면 진품에 해당하는 돈을 내셔야 합니다."

바닥에 뒹굴던 상인이 기다시피 하며 중국인의 발목을 잡았어요. 화가 난 중국인이 다른 쪽 발로 상인을 걷어차려고 했지요. 이때 상황을 살피던 김구가 재빨리 몸을 날려 막았어요. 그러자 중국인이 김구를 마구 걷어차기 시작했어요. 온몸으로 전해지는 고통에 신음이 절로 나올 만큼 아팠지만 이를 악물고 참았어요. 만약 맞는 이가 중국인이었다면 사람들이 구경만 하지는 않을 거라는 생각이 들었어요. 그 누구도 난민이 당하는 싸움을 말릴 생각이 없다는 걸 알기에 김구는 자신만이라도 동포를 구해야겠다고 생각했던 거예요. 김구의 가슴에 안긴 상인이 울부짖었어요.

"흐흐흑, 너무합니다요. 나라 잃은 백성은 어디에서 살아야 합니까? 세상천지가 다 적입니다."

"일본의 손아귀에서 빠져나올 날이 반드시 올 것이니 조금만 참읍시다."

며칠 후, 평소처럼 김구가 임시 정부 청사를 나설 때였어요.

누군가 김구를 멈춰 세웠지요.

"앗, 나리 아니십니까?"

김구가 갸웃하자 상인이 말을 이었어요.

"저 대신 맞아 주신 나리 아니십니까? 중국 놈의 발길질이 얼마나 세던지. 상한 곳은 없으십니까?"

"그때 그분이군요."

"저를 도와주시는 걸 보고 보통 사람은 아니겠거니 생각했는데……. 이거 받으십시오."

상인이 주위를 두리번거리더니 어깨에 메고 있던 것을 풀어 김구에게 주며 작은 소리로 말했어요.

"저희 상인들의 마음입니다. 독립운동에 보태 주십시오."

상인이 말을 보탰어요.

"전 임시 정부에 자금을 전달하는 일을 맡고 있습니다. 끼니 거르지 말고 힘내십시오."

말을 건넨 상인은 어리둥절한 표정의 김구를 두고 빠른 걸음으로 자리를 떴어요. 상인의 뒷모습에 김구는 가슴에서 따뜻함이 묻어나는 것을 느꼈어요. 나라를 되찾겠다는 동포들의 마음이 전해졌기 때문이에요. 그리고 낯선 땅에서도 대한 독립을 염원하는 사람들이 있다는 것에 감사한 마음이 들었지요.

몇 달 후 김구는 임시 정부로부터 경무국장을 맡아 달라는 제안을 받았어요.

"죄송합니다. 그 자리는 제가 감당할 수 있는 자리가 아닙니다."

김구가 손사래를 쳤어요. 경무국은 독립운동가를 보호하는 동시에 임시 정부 청사를 경비하고 일본군을 살펴 민족에 반하는 행동을 하는 이들을 처단하는 곳이었지요. 김구의 거절에도 임시 정부는 계속해서 설득했어요.

"강직하고 애국심이 강한 선생님에게 꼭 맞는 자리입니다."

마침내 1919년 8월, 김구는 경무국장에 취임했고 상하이에서 활동하는 독립운동가들의 안전을 위해 노력했어요.

"상하이에 있는 일본군과 경찰서 내부의 정보를 알아내야 합니다. 우리가 알아낸 정보는 독립운동에 유리하게 활용될 것입니다."

김구의 지시를 받은 경무국 직원들은 구두닦이나 청소부로 위장해 목숨을 걸고 정보를 캐기 위해 노력했어요. 하루 24시간을 바삐 움직이는 김구에게 청천벽력 같은 소식이 들려왔어요. 건물 관리인으로부터 사무실을 비우라는 이야기였지요.

"다섯 번이나 이사했는데. 이번에는 어디로 가야 할까요?"

"허름하고 좁은 곳도 비싼 돈을 내라고 합니다. 이 나라 사람이 아니라는 것을 안 순간 월세를 올리니 거처를 구하기 쉽지 않을 듯합니다. 후유……."
 직원이 긴 한숨을 내뱉자 김구가 어깨를 툭 쳤어요.

"힘냅시다. 빼앗긴 나라를 하루라도 빨리 되찾으면 해결될 것이니. 독립된 대한민국에서 떵떵거리고 살면 되지 않겠소."

김구의 말에 직원들이 너털웃음을 지었어요. 김구는 어떤 상황에서든 절망 대신 희망을 품으려 노력했어요.

김구는 직원들을 격려하며 앞으로의 일을 계획했어요. 일본의 세력이 확장되는 것도 막아야 했지요. 하지만 직원들 간의 갈등과 재정난으로 임시 정부에 위기가 닥쳤어요.

'위기를 기회로 바꿔야 할 텐데……'

방법을 찾던 김구는 1931년 비밀 단체 한인 애국단을 만들기로 결심했어요.

"일본이 만주를 점령한 후 탄압이 심해지고 있습니다. 이에 전 일본의 주요 인물을 암살하기 위한 비밀 단체를 만들려고 합니다. 한인 애국단은 청년들을 중심으로 단원을 모집할 생각이니 적극적으로 홍보해 주길 바랍니다. 한인 애국단은 암살뿐만 아니라 일본의 주요 기지를 파괴하고 우리의 독립 의지를 세계에 알리기 위해 노력할 것입니다."

그리고 얼마 후 한 청년이 김구를 찾아왔어요. 왜소한 체격이었으나 눈빛만큼은 살아 있는 이봉창이었어요. 이후 이봉창은 일본 천황을 향해 폭탄을 던졌어요. 천황을 죽이진 못했으나 이봉창의 의거로 임시 정부는 상하이 정부로부터 자금 지원을 받게 되었지요.

　이렇게 김구는 한인 애국단을 만듦으로써 임시 정부의 불꽃이 꺼지지 않도록 노력했답니다.

수백 명을 거느리던 열여덟 살

1892년 전라북도 고부군, 새로 부임한 군수 조병갑이 죄 없는 농민들에게 과중한 세금을 부과하고 재물을 빼앗았어요. 조병갑에게 들고일어서면 무서운 형벌이 가해지기도 했지요. 참던 농민들은 당시 동학을 이끌던 전봉준을 중심으로 상소를 올렸어요. 하지만 조선 정부는 무시하기 바빴지요. 마침내 동학교도와 농민들은 조병갑을 내쫓기로 마음먹고, 고부 관아를 점령했어요. 동학 농민 운동이 시작된 거예요.

1893년, 김구도 동학에 들어갔어요. 당시 스무 살이 채 안 되었던 김구는 수백 명을 거느리며 황해도 농민군의 선봉장이 되었답니다.

상하이 대한민국 임시 정부

3·1 운동 이후 일본의 탄압이 거세졌어요. 이에 민족 지도자들은 독립운동을 효과적으로 이끌 임시 정부가 필요하다는 것을 깨달았지요. 민족 지도자들은 일본의 영향력이 미치지 않으

면서도, 세계 여러 나라와 외교 활동을 할 수 있는 곳으로 중국의 상하이를 선택했어요. 그러고는 상하이에 대한민국 임시 정부를 수립했답니다.

이 시기에 상하이로 망명을 떠난 김구는 대한민국 임시 정부의 경무국장과 내무총장을 거쳐 주석이 된 후 임시 정부를 이끌었어요.

임시 정부 경무국장 시절 김구의 모습

한인 애국단의 뿌리

일본은 1931년 만주 사변을 일으키며 만주를 점령한 후 상하이까지 탄압했어요. 임시 정부는 활동이 쉽지 않아져 방법을 찾아야 했지요. 이에 김구는 침체된 임시 정부에 활력을 불어넣기 위해 일본 주요 인물 암살을 목적으로 한 독립운동 단체, 한인 애국단을 만들었어요.

한인 애국단은 1932년 이봉창 의사 의거와 윤봉길 의사 의거로 중국인에게 감명을 주었어요. 이봉창 의사 의거는 이봉창이 일본 도쿄에서 천황 히로히토를 향해 수류탄을 던진 사건이에요. 명중시키지 못한 채 이봉창은 체포되고 말았지요. 윤봉길 의사 의거는 윤봉길이 상하이 훙커우 공원에서 물통 폭탄을 던진 사건이에요. 자결용으로 가져간 도시락 폭탄이 불발하면서 윤봉길 또한 체포되었어요.

이 두 사건은 중국이 대한민국 임시 정부를 지원하는 계기가 되었어요. 하지만 일본의 탄압은 점차 심해졌고, 결국 김구는 상하이를 떠나 중국 항저우를 거쳐 충칭에 정착할 때까지 여러 곳을 떠돌아다녀야 했답니다.

이봉창 의사 의거 전 남긴 사진

신탁 통치를 반대하다

우리 민족은 국내외에서 다양하게 펼친 독립운동으로 마침내 1945년 8월 15일 광복을 맞이했어요.

하지만 광복의 기쁨을 누릴 틈도 없이 한반도는 이념이 다른 미국과 소련에 의해 남과 북으로 나뉘었지요. 더욱이 한반도에 임시 정부를 수립하고, 미소 공동 위원회를 설치한 후 미국과 소련이 남

신탁 통치 반대 운동 모습

한과 북한을 대신 다스리는 신탁 통치가 결정되었답니다. 신탁 통치란 국제 연합(UN)의 신탁을 받은 어떤 나라가 다른 나라를 대신 다스리는 제도예요. 이 소식을 들은 김구는 신탁 통치를 강력하게 반대하는 운동을 벌였어요.

"홍범도 장군 만세!"

"청산리 전투에서 승리했다!"

홍범도를 따르던 독립군들이 함성을 질렀어요. 1920년 6월 만주에서 일어난 봉오동 전투에 이어, 10월에 벌어진 청산리 전투에서도 대승을 거둔 것이지요. 독립군들의 함성이 하늘에 닿을 정도로 커졌어요. 홍범도는 승리를 즐기는 군사들을 눈에 담았어요.

하지만 기쁨은 오래가지 못했어요. 일본군이 독립군은 물론 민간인까지 무차별하게 학살했거든요. 봉오동 전투와 청산리 전투의 패배를 보복하듯, 만주 옆 지방인 간도에 사는 우리나라 사람들을 잔인하게 죽이고 재산도 빼앗았지요.

더 이상 만주에서의 활동이 어려워지자 홍범도와 독립군들은 러시아의 자유시로 떠났어요. 러시아의 지원을 받아 일본과 싸우기로 한 것이지요. 하지만 자유시에서는 더 큰일이 벌어졌어요. 독립군들 사이에 분열이 일어나고, 러시아군의 총에 많은 사람이 목숨을 잃었지요.

자유시 사변 이후 홍범도는 연해주로 떠났어요. 하지만 나라를 빼앗겨 외국을 떠도는 난민에게 집을 내어 주는 사람은 없었어요. 하는 수 없이 나무판자로 집을 얼기설기 만들고, 굶기

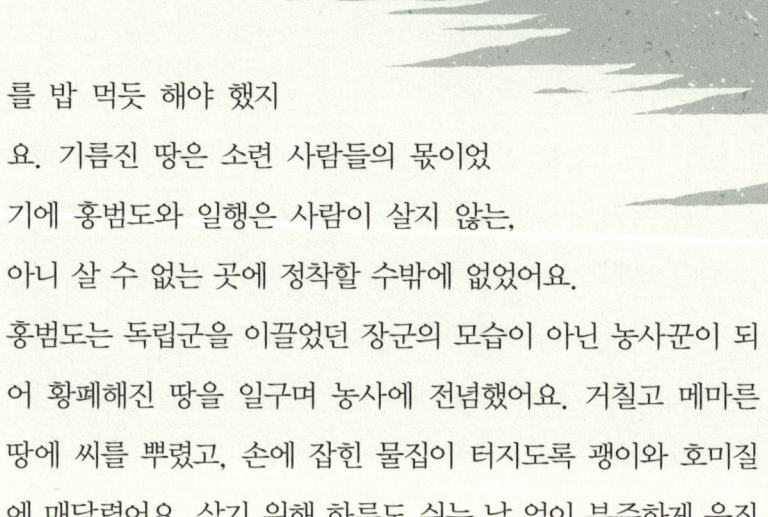

를 밥 먹듯 해야 했지
요. 기름진 땅은 소련 사람들의 몫이었
기에 홍범도와 일행은 사람이 살지 않는,
아니 살 수 없는 곳에 정착할 수밖에 없었어요.

홍범도는 독립군을 이끌었던 장군의 모습이 아닌 농사꾼이 되어 황폐해진 땅을 일구며 농사에 전념했어요. 거칠고 메마른 땅에 씨를 뿌렸고, 손에 잡힌 물집이 터지도록 괭이와 호미질에 매달렸어요. 살기 위해 하루도 쉬는 날 없이 분주하게 움직였지요.

그렇게 몇 해를 보내던 어느 날, 홍범도는 일본에 맞서기 위해 다시 군사력을 키우기로 다짐했어요.

"장군님, 청년들이 모였습니다."

"시작해 볼까?"

홍범도는 자신을 기다리는 청년들을 위해 힘을 내기로 했어요. 일본에 맞서려면 힘 있는 군대가 필요하다는 것을 알고 있기 때문이에요. 청년들도 시작할 때와 달리 얼굴에 생기가 돌았어요. 나라의 독립에 힘을 보탤 수 있다는 자신감과 일본을 무찌르겠다는 목표가 이들에게 힘을 주었어요.

"자네들이 있는 한 우리나라는 절대 무너지지 않을 걸세. 오늘 훈련은 총포술이네."

홍범도는 과녁판으로 사용할 병을 집었어요. 그리고 병의 입구가 자신을 향하도록 누인 다음, 총을 잡고 심호흡한 후 병 입구를 노려보듯 쏘아봤어요. 청년들은 홍범도의 행동 하나라도 놓치지 않으려고 집중했지요.

"방아쇠를 당기려고 해."

청년 중 하나가 말하는 순간 탕 소리와 함께 안타까워하는 신음이 들렸어요. 병이 깨지지도, 움직이지도 않았지요.

"명중이요!"

누군가의 외침에 청년들은 눈을 비비며 상황을 파악했어요. '뭐가 명중이라는 거지?'라고 생각하던 중 병 근처에 있던 청년이 병의 밑면을 보여 주었지요. "와!" 하는 탄성이 여기저기서 튀어나왔어요. 병 입구로 들어간 총알이 병 밑면을 뚫고 나갔거든요. 그런데 이때 마을 사람이 헐떡이며 달려왔어요.

"장군님, 큰일 났습니다. 마적단이 쳐들어왔습니다. 빨리요. 빨리!"

마적단은 말을 타고 떼를 지어 다니는 도둑들로 우리 동포들이 사는 마을을 주기적으로 습격했어요. 홍범도와 청년들은 누가 먼저랄 것도 없이 마을을 향해 달렸어요. 마을에 들어서기도 전부터 매캐한 냄새가 코끝을 찔렀어요.

힘겹게 일군 밭은 짓밟히고, 손때가 묻은 판잣집은 불타고, 세간살이는 나뒹굴고 있었어요. 피투성이 된 채 쓰러진 사람들도 있었지요.

"저들이 우리에게 도둑이랍니다. 함부로 자기들 땅에 살고 있다면서요."

"우리가 왜 도둑 소리를 들어야 하나요? 나라를 빼앗겨 다른 나라에서 산다고, 이런 취급을 받아도 되는 건 아니잖아요!"

홍범도는 마음이 아팠어요. 난민이라는 이유로 힘겹게 일군 일상을 하루아침에 몽땅 빼앗겼기 때문이에요.

연해주에 살던 원주민들은 한인이 터를 잡은 거친 땅을 거들떠보지도 않았어요. 힘겹게 밭을 일구는 모습에 혀를 찰 뿐이었지요. 하지만 메마른 땅에 농작물이 하나둘 자라자 시시때때로 곡식과 가축을 훔쳐 가기 시작했어요. 심지어 이곳이 자신들의 땅이니 돈을 내라는 말도 서슴지 않았어요.

그럴 때마다 홍범도와 독립운동가들은 억울함과 분노를 삭이며 다짐했어요. 한시라도 빨리 일본에 빼앗긴 조국을 되찾아 오겠다고요.

하지만 이런 일들은 앞으로 닥칠 일에 비하면 아무것도 아니었어요.

"장군, 스탈린이 한인들을 이주시킨다는 것이 사실입니까?"

홍범도는 청년의 말을 확인하기 위해 연해주 곳곳을 돌며 스탈린을 만나게 해 달라고 애원했어요. 스탈린은 당시 소련의 최고위층 정치인이었지요. 하지만 그 누구도 홍범도의 말을 들어주지 않았어요. 홍범도는 마을 사람들을 모아 놓고 힘겹게 말했어요.

"일본군이 연해주를 침략하기 위해 한인을 첩자로 이용해 정보를 수집한다는 소문이 스탈린의 귀에 들어간 모양입니다. 일본이 연해주에 이어 소련 본토까지 차지하려 한다는 것을 모르는 이가 없으니……."

더 이상 말을 이을 수 없었어요. 아무리 마을 사람들을 불러 놓고 이야기하면 뭐하겠어요. 마을 밖으로 나가면 힘없는 난민의 말에 귀 기울여 줄 사람이 한 명도 없는걸요.

끝끝내 1937년 9월, 스탈린은 소수 민족 강제 이주 정책을 발표했어요. 홍범도는 정책에 반대하며 소련 정부와 협상하려 했으나 정부 관계자와 만나는 것조차 어려웠지요.

"장군님, 아무리 세간살이가 없다고 해도 사흘 안에 정리하고 떠나라니요. 이럴 수는 없어요. 좀만 있으면 추수철인데 밭에 널린 곡식이랑 가축을 두고 어떻게 떠납니까."

"어디로 가는지 알려 주지도 않고 이러는 법이 어디 있습니까? 나라가 없다고 사람을 이렇게 짐승처럼 다루면 안 되는 거잖아요."

마을 사람들이 찾아와 하소연했지만, 홍범도도 어찌할 수가 없었어요. 나라를 빼앗은 일본이나, 시민권이 없으니 떠나라는 소련이나 똑같다고 할 수밖에요.

소수 민족 강제 이주 정책을 발표한 이후 소련은 마을 간 왕래조차 막았어요. 일본의 첩자가 될 수 있다고 여겨 만남 자체를 차단해 버렸지요.

　야속하게도 시간은 빨리 흘러, 어느새 연해주를 떠나야 하는 날이 되었어요. 홍범도는 마을 사람들과 함께 소련에서 준비한 열차에 올랐어요. 당시 연해주에 살고 있던 17만여 명의 한인들은 제대로 된 화장실조차 없는 열차에 몸을 싣고, 목적지도 모르는 채 두려움에 떨어야 했어요.

　"난민은 사람도 아니란 말입니까?"

　누군가 외쳤어요. 나라 잃은 백성에게, 고국을 떠난 사람에게, 초대받지 않은 난민에게, 손을 내미는 곳은 세상 어디에도 없다는 사실이 두렵고 무서웠어요.

　난방도 되지 않는 열차에서 추위와 굶주림에 시달리던 한인들은 짐승과 다름없는 생활을 했어요. 홍범도는 눈물이 났어요. 난민을 이방인으로 낙인 찍으며 차디찬 곳으로 내모는 현실이 안타까웠지요.

　조선인들은 연해주에서 8천 킬로미터 떨어진 곳에 버려졌어요. 유럽인들의 유배지로 유명한 카자흐스탄의 한 지방이었지요. 강제 이주 지역 중 가장 멀고 척박한 곳이었어요.

　사람들은 아무것도 없이 모래바람만 훌훌 날리는 곳에서 또 한 번 절망했어요. 홍범도도 같은 마음이었어요. 하지만 좌절하고 있을 수만은 없었지요.

"흩어져서 나뭇가지라도 모아 봅시다. 움막이라도 지어 쉴 곳부터 마련해야 하지 않겠소."

홍범도는 사람들을 독려했어요. 여자들은 배고프다고 우는 아이들을 달래며 먹을거리를 찾아 나섰고, 남자들은 나뭇가지와 풀을 모아 허름한 집을 만들었지요. 몇 달 전까지 함께 웃고 떠들던 사람 중 절반이 죽었기에 모두 말을 아끼고 묵묵히 일만 했어요.

"이것으로 씨라도 뿌려 볼까요?"

누군가 침묵을 깨고 나섰어요. 그의 손에는 콩 한 줌이 있었어요.

"저도 있어요. 배고파도 먹지 않고 숨겨 뒀던 겁니다."

이 사람 저 사람 손에서 쌀과 옥수수, 팥알이 나왔어요. 홍범도는 사람들이 배고픔을 이겨 가며 힘겹게 지켜 온 낟알들을 바라보았어요.

"내일부터는 고된 하루가 시작되겠네요. 씨를 뿌릴 밭부터 일구어야 하니까요."

다음 날 사람들은 수십 리를 다니며 물을 길고, 몇 개 되지 않는 호미로 밭을 일구었어요. 아이들은 산으로 동물의 똥을 찾아다녔고, 청년들은 사냥을 나섰지요.

홍범도는 점차 기름진 땅으로 변해 가는 밭을 보며 간절히 바랐어요.

'언젠가 조국으로 돌아갈 수 있기를…….'

이후 홍범도는 소망과 달리 카자흐스탄에서 여생을 보내다, 1943년에 눈을 감았답니다.

포수 출신 의병

동학 농민 운동이 일어나고, 조선 조정은 청나라에 도움을 요청했어요. 청나라가 들어오자 일본도 조선에 주둔했지요. 청나라와 일본 어느 한쪽이 조선에 들어오면 다른 한쪽도 조선에 들어오기로 약속을 맺었거든요. 이후 일본은 갑오개혁을 통해 조선 내정에 적극적으로 관여하기 시작했지만, 제대로 이뤄지지 않자 1895년 10월 8일 새벽에 경복궁을 기습했어요. 그리고 고종의 아내 명성 황후를 참혹하게 죽인 뒤 불태워 버렸지요. 이 사건을 을미사변 또는 명성 황후 시해 사건이라고 불러요.

을미사변 이후 일본 세력을 몰아내기 위한 의병 운동이 일어났어요. 당시 사냥꾼 생활을 하던 홍범도도 평안도와 황해도 지역의 포수와 농민들을 모아 의병을 조직했어요. 총을 잘 다루었던 홍범도는 의병들에게 총 쏘는 법을 가르쳐 주며, 일본군과 여러 차례 전투를 치렀어요.

만주로 건너가다

홍범도에게 당한 일본군이 점점 많아지자, 일본군은 홍범도를 잡기 위해 다양한 방법을 썼고 그 과정에서 아내와 아들이 목숨을 잃었어요. 결국 홍범도는 1908년 러시아 연해주로 건너갔어요. 그곳에서도 두만강을 넘나들며 일본군 공격을 쉬지 않다가, 일본의 끈질긴 추적 끝에 1909년 다시 고국으로 돌아왔지요.

1910년 일본이 우리나라를 식민지로 삼자, 홍범도는 부하들을 이끌고 만주로 망명했어요. 독립군을 길러내는 일에만 전념했지요. 함경북도 경원군에 있던 일본 수비대를 습격해 큰 성과를 거두기도 했고요. 1919년 3·1 운동 이후, 대한 독립군의 총사령관이 된 홍범도는 400여 명의 독립군 부대를 편성해 국내에서 활동하던 일본군들을 급습하기도 했답니다.

봉오동 전투와 청산리 전투

1920년 6월 일본군은 당시 독립군의 본거지였던 만주 봉오동을 공격했어요. 홍범도는 소규모 독립군 부대 여러 곳과 연합 작전을 펼치며 주변 야산에 숨어 일본군을 기습했어요. 세 시간 이상 이어진 전투 끝에 독립군이 승리를 거두었지요. 일본군 사상자는 400명이 넘는 것에 반해, 독립군 사상자는 6명 정도로 완전한 승리였어요.

대패한 일본군은 대규모 병력을 보내 독립군을 무너뜨리려 했어요. 홍범도는 대규모 연합 작전의 필요성을 느끼

대한 독립군의 청산리 전투 직후 모습

고, 김좌진이 이끄는 북로 군정서를 포함한 여러 부대와 힘을 합쳐 백두산 인근 청산리 부근으로 이동했어요. 1920년 10월 21일에 시작된 청산리 전투는 26일 새벽까지 이어졌어요. 6일간 일본군과 독립군은 열 번이 넘는 전투를 벌였지요. 봉오동 전투와 마찬가지로 독립군의 대승리였어요.

어느 날 갑자기 중앙아시아로

1921년, 자유시 사변이 일어났어요. 자유시 사변 이후 남은 독립군들은 사방으로 흩어졌어요. 홍범도도 연해주로 이동해 농장을 꾸리는 등 연해주에 사는 동포들의 생활이 조금 더 윤택해지도록 도왔어요.

하지만 1937년 뜻하지 않은 시련이 찾아왔어요. 당시 소련을 집권하던 스탈린이 연해주에 사는 한인들을 중앙아시아로 강

제로 보내 버린 거예요. 한인은 언제든 일본의 스파이가 될 수 있다며, 자신의 나라에서 멀고 먼 카자흐스탄으로 강제 이주시킨 것이지요.

카자흐스탄의 남부 도시 키질로르다에 도착한 홍범도는 한인 극장이었던 고려 극장에서 수위로 근무하며 조용한 여생을 보냈어요. 그리고 조국의 해방을 불과 2년여 앞둔 1943년에 타국에서 숨을 거두고 말았답니다.

지금의 고려 극장

조국으로 돌아오다

2021년 8월 15일, 홍범도의 유해가 대한민국으로 돌아왔어요. 조국의 독립을 보지 못한 채 카자흐스탄에서 생을 마감한 지 78년 만이었지요. 고단했을 홍범도 장군의 삶에 조금이라도 위안이 되었으면 합니다.

러시아에서 조선인을 변호한
최재형

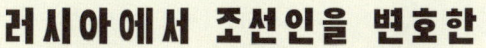

최재형의 러시아 이름 '표트르 세묘노비치 초이'
Пётр Семёнович Цой

세계를 다니며
식견을 넓힘

③ 배를 타고
세계를 돎

②, ④ 연해주

① 조선

최재형이 1909년부터
살았던 저택

1860	1869	1871	1908	1919	1920
출생	러시아 연해주로 이주	선장 부부와 세계를 돎	동의회 조직	블라디 보스토크 만세 운동 주도	사망

1869년, 아홉 살이었던 최재형은 가족과 함께 러시아로 향했어요. 러시아로 가는 배에는 사람들이 가득했어요. 몸이 불편한 할아버지부터 솥단지를 껴안은 소녀, 엄마 품에 안겨 젖을 먹는 갓난아이까지 다양했지요.

최재형은 허리춤에 매어 둔 씨앗 주머니를 어루만졌어요. 그리고 어머니가 했던 말을 떠올렸어요.

'이 씨앗 주머니가 우리의 생명 줄이니 잘 간직해야 한다.'

비옥한 땅을 찾아 러시아로 가는 최재형의 가족에게 없어서는 안 되는 것이었지요. 최재형은 씨앗이 자라 풍년이 드는 모습을 상상하며 깊이 잠들었어요.

얼마 뒤, 쿵 소리가 났어요. 드디어 배가 러시아 땅에 도착했어요. 눈을 비비며 일어난 최재형 앞에는 풀만 무성한 넓은 땅이 보였어요.

"지신허가 함경도보다는 낫겠지."

두만강을 건너온 조선인들은 러시아 연해주의 지신허라는 마을에 모여 살기로 했어요. 낯선 나라이니 힘을 합쳐 함께 살아 보자는 뜻이었지요.

지신허에 몇 채의 집이 있긴 했으나 이민자들은 가질 수 없었어요. 혹여나 이민자들이 집 근처를 기웃거리기라도 하면 러시아 사람들이 소리를 지르며 내쫓았지요. 최재형은 러시아에 도착한 날부터 풀을 엮어 집 만드는 일에 동참했어요. 또 여기저기 돌아다니며 먹을 만한 것을 구해 오기도 했어요. 조선과 달리 지신허에서 최재형은 더 이상 철없는 어린아이로 살 수 없었어요.

사람들은 구석기 시대처럼 돌멩이로 땅을 두드려 밭을 일군 후 씨앗을 뿌렸어요. 씨앗이 잘 자라야 먹거리가 풍부해지기에 하루가 멀다고 밭으로 달려왔지요. 하지만 메마른 땅이라 곡식이 잘 자라지 않았고, 때맞춰 비가 내리지도 않았어요. 그러다 보니 최재형을 포함한 이민자들은 함경도에 있을 때보다 허리를 더 졸라매야 했어요.

러시아의 추위는 함경도의 추위와 비교할 수 없을 만큼 추웠어요. 영하 40도를 넘나드는 날씨와 배고픔에 지친 이민자들은 아침이 두려웠어요. 최재형의 가족도 마찬가지였어요.

어느 날 어머니가 말했어요.

"재형아, 너도 학교에 가는 게 좋겠다. 여기서 살려면 말이라도 통해야 하니까."

"학교는 그냥 가나? 돈이 있어야 가지. 학교 갈 시간에 일하면 얼마나 많이 버는데."

어머니의 말끝을 챈 아버지의 말이 최재형의 가슴에 박혔어요. 그러나 학교라는 단어를 듣자마자 최재형은 가슴이 뛰는 것을 느꼈어요. 학교 건물을 볼 때마다 학교에 다니고 싶은 마음이 간절했거든요. 하지만 아버지는 최재형의 속내도 모르고 말을 이었어요.

"글은 먹고살 만한 사람들이나 하는 거다. 그리고 학교에서 조선말을 쓰면 안 된다고 하던데. 러시아어도 못하면 학교에 가도 헛일이니 괜한 욕심 부리지 마라."

말을 마친 아버지가 밭으로 나가자 어머니가 최재형을 불러 세웠어요.

"재형아, 엄마만 믿어. 어떻게든 학교에 보내 줄게. 열심히 공부해서 우리처럼 살면 안 된다. 알겠니?"

그렇게 최재형은 러시아 정교회 학교에 다닌 최초의 조선인이 되었어요. 꿈에 부풀어 학교에 갔지만 하루하루가 고단했어요. 생활 방식과 언어가 낯설었기 때문이에요. 더욱이 학교에서는 그 누구도 최재형에게 친절하지 않았어요. 최재형은 지옥 같은 학교를 그만 다니고 싶다는 생각도 했어요. 하지만 어머니의 노력을 알기에 포기하겠다는 말을 마음에 묻은 채 지냈어요. 그러던 어느 날이었어요.

"얘들아, 최재형이 조선에서 노비였대."
"노비? 말도 안 돼. 우리가 노비와 같이 공부하고 있다고? 더러워!"

이민자라는 이유에 과거 조선에서 노비였던 사실까지 보태지니 러시아 아이들은 더더욱 최재형에게 다가오지 않았어요. 책상이 교실 밖에 버려져 있기도 하고, 최재형과 함께하는 수업을 거부하는 학생도 있었어요.

'이곳에서 살다간 숨이 막혀 죽을 것 같아. 포시에트 항구에 가면 굶지 않는다는데……'

열한 살이 된 최재형은 집을 떠나기로 했어요. 하지만 가진 돈도 없고, 러시아어도 서툴고, 길도 잘 몰랐기에 무작정 걸을 수밖에 없었어요.

'배고파. 이제 걸을 힘도 없어. 그냥 집에 있을 걸 그랬나 봐.'

끝내 최재형은 어머니를 떠올리며 감기는 눈꺼풀을 밀어내지 못하고 쓰러졌어요.

얼마나 지났을까, 누군가 최재형을 흔들었어요. 자신을 내려다보는 파란 눈과 마주쳤어요. '누구지?'라는 생각과 함께 깔끔한 집 안 풍경이 보였어요. 파란 눈의 아주머니가 미소를 지으며 머리를 쓰다듬었어요.

"누구세요? 여긴 어디죠? 제가 왜 여기에 있어요?"

파란 눈의 아주머니는 바닷가 근처에서 기절한 최재형을 선장 남편이 업고 왔다고 했어요. 선장 부부는 최재형을 각별히 보살폈어요. 특히 아주머니는 이곳에서 살려면 러시아어를 알아야 한다며, 러시아어와 서양 문학을 가르쳐 주었어요.

"이곳에서 불릴 너의 이름은 표트르 세묘노비치란다."

낯선 이름이었지만 새로운 이름이 마음에 들었어요.

"열심히 배우겠습니다. 그리고 저도 아저씨를 따라 배를 탈 수 있을까요? 세상을 구경하고 싶어요."

최재형은 선장 부부와 상선을 타고 세계를 돌며 무역을 배웠어요. 최재형이 아닌 표트르라고 불리긴 했으나 조선인의 긍지를 보여 주고자 남들보다 더 열심히 일했어요. 6년여의 선원 생활에서 최재형은 러시아어를 자연스레 구사할 수 있게 되었고, 다양한 책을 통해 지식까지 갖추게 되었어요.

1877년, 다시 러시아 연해주로 돌아온 최재형은 러시아에서 일하는 조선 노동자들이 부당한 대우를 받는 현장을 목격했어요.

"야근하면 돈을 더 준다더니, 이제 와서 그런 계약을 한 적이 없다니요? 그게 말이 돼요?"

조선 노동자 몇몇이 항의하자 관리자로 보이는 러시아인이 종이를 들이밀며 말했어요.

"그러게 계약서를 똑바로 읽으라 했잖소. 여기 계약서에는 야근이라는 단어조차 없다니까? 떠돌이 이민자라 불쌍해서 일하게 해 줬더니 돈을 더 달라고?"

노동자들은 억울했어요. 계약서가 러시아어로 작성되어 있어서 관리자의 말을 믿을 수밖에 없었으니까요. 최재형은 어린 시절 자신이 겪었던 굴욕적인 삶이 떠올라 그냥 지나칠 수 없었지요.

"이보시오, 계약서 좀 봅시다."

최재형은 러시아 관리자의 손에 든 계약서를 받아 들었어요.

그리고 계약서를 손가락으로 가리키며 항의했어요.

"여기에 '야근시 야근 수당을 지급한다.'라고 명시되어 있잖소. 만약 이대로 수당을 지급하지 않으면 근로 계약을 어긴 사실을 회사에 알리겠소."

"앗, 이걸 못 봤네. 눈이 침침해서……."

최재형의 유창한 러시아어에 기세가 한풀 꺾인 러시아 관리자가 꼬리를 내렸어요.

"감사합니다."

"아닙니다. 제가 한 거라곤 계약서에 적혀 있는 내용을 알려 준 것뿐입니다."

이후 최재형은 통역사가 되어 조선 노동자들을 변호하기 시작했어요. 억울한 일을 당했다는 소문이 들리면 아무리 먼 곳이라도 달려갔어요. 몸은 고단했으나 조선 노동자의 얼굴에 핀 미소를 보면 피로가 녹았지요.

"재형이 자넨 피곤한 삶을 사는 거 같아. 노동자를 돕는다고 돈이 되는 것도 아닌데 말이야."

"돈이 되진 않지만 뿌듯함이 있지. 내가 가진 미천한 재주로 조선인의 인권이 보호된다면 이보다 좋은 일이 있겠는가."

최재형의 말을 듣던 친구가 엄지를 치켜세우며 대꾸했어요.

"미천한 재주라니. 조선 노동자도 돕고, 러시아에 사는 조선인들을 생각해 정교회 학교를 수십 개나 세웠지 않나. 자네가 세운 학교에서 많은 조선인이 공부하고 있어. 그러니 자네의 재주가 나라를 살리는 데 큰 보탬이 되고 있다는 것을 잊지 말게."

최재형은 자신이 잘하는 특기를 살려 러시아 정부와도 일했어요. 당시 러시아는 조선과 무역을 추진하려 했던 터라 조선인 통역사가 필요했거든요. 조선은 러시아어와 러시아 문화에 능통한 사람이 필요했고요. 최재형은 러시아와 조선 두 곳 모두에서 꼭 필요한 인재였어요.

이후 최재형은 1904년에 일어난 러일 전쟁에도 참여하고, 1908년에는 일본이 우리나라를 집어삼키려는 야욕을 간파하며 동의회를 결성했어요. 동의회는 일본에 맞서 싸우는 의병 조직으로 러시아 연해주에서 만들어졌지요.

"이건 제가 가진 전부입니다. 이 돈으로 필요한 무기를 구입해 무장하세요. 제가 바라는 건 오직 하나, 일본과 맞서 싸워 이기는 것입니다."

동의회는 러시아 국경에 위치한 일본군 초소와 규모가 작은 부대를 격파하는 데 성공했어요. 일본군으로부터 탄약과 총을 탈취하기도 했지요.

그렇게 최재형은 낯선 러시아 땅에서 이방인 취급을 받는 우리나라 사람들을 위해, 대한 독립을 위해 살았어요.

표트로 세묘노비치의 삶

러시아 정착 후 선장 부부와 세계 곳곳을 다닌 최재형은 러시아어가 아주 유창해졌어요. 성인이 되어서는 선장 친구 회사에서 일하며 사업적인 능력을 키우고 인맥을 넓혔지요.

1900년 초에는 군수업에 뛰어들었어요. 군사를 유지하고 전

당시 러시아 제국 지도

쟁을 수행하는 데 필요한 것들을 만드는 일이었지요. 최재형은 한인들을 직원으로 고용했어요. 이로 인해 어렵게 살던 한인들이 자력으로 돈을 벌기 시작했지요. 사업도 청신호였어요. 러일 전쟁이 일어나며, 당시 러시아어를 자유자재로 사용하고 성실하기까지 한 최재형에게 러시아인들이 통역과 도로 공사 그리고 식료품 납품 등의 일을 맡겼거든요.

항일 운동을 지원하다

1904년, 한반도와 만주의 지배권을 놓고 러시아와 일본 사이에 전쟁이 일어났어요. 러일 전쟁에 참여한 최재형은 일본의 이기적인 욕망을 파악하고 항일 운동에 가담했지요. 최재형은 연해주의 의병들에게 총기류를 구해 주는 등 모아 놓은 재산 대부분을 항일 운동에 사용했어요. 이때 구매한 무기는 제2차 세계 대전 때까지 사용할 정도로 성능이 좋은 소총이었다고 전해져요.

최재형은 조국의 독립을 위해 임시 정부를 적극적으로 후원했어요. 또한 러시아 한인 교민 신문인 《대동공보》에 매월 많은 돈을 후원하기도 했고요. 당시 《대동공보》는 한인 이주자들에게 독립심을 고취시키는 등 해외에서의 독립운동 구심점 역

할을 했어요. 하지만 심각한 재정난으로 발간이 어려워지자, 최재형이 든든히 뒷받침해 주기로 한 것이지요.

해외 최초 독립운동 단체, 동의회

1908년, 연해주에서 해외 최초 독립운동 단체 동의회가 만들어졌어요. 회장에는 이위종, 총재에는 최재형, 평의원에는 안중근이 선출되었지요. 이위종은 대한 제국의 외교관으로 활동했던 독립운동가예요. 1907년 고종의 밀명을 받고, 헤이그 만국 평화 회의에서 을사조약의 부당함을 알리려 했던 인물이기도 하지요.

동의회는 연해주의 연추 지역에서 의병들을 모았어요. 독립을 위한 무장 투쟁을 강조했지요. 1908년 여름, 안중근을 필두로 국내 일본군을 기습하는 데 성공했어요. 하지만 이후 내부 갈등과 러시아의 탄압으로 동의회의 활동은 줄어들었어요.

안중근의 조력자

최재형은 포로를 풀어 주었다가 은신처가 발각되어 위기를 맞은 안중근에게 다음을 기다려야 한다고 했어요. 안중근은 최재형의 집에서 손가락을 자르는 단지 동맹을 하며 의병을 다시 일으킬 것을 다짐했지요.

당시 《대동공보》 기자로 활동하던 안중근은 이토 히로부미가 중국 하얼빈에 온다는 소식을 듣고 최재형과 함께 이토 히로부미 암살 계획을 세웠어요. 최재형은 안중근에게 암살에 사용할 권총을 사 주고, 사격 연습을 할 수 있도록 도왔지요. 거사가 성공한 후에는 안중근이 일본이 담당하지 않는 러시아 법정에서 재판받도록 계획하고 변호인까지 준비했어요. 하지만 일본의 방해로 안중근은 일본 법정에 서게 되고, 끝내 세상을 떠나 최재형의 계획은 실패로 돌아가고 말았어요.

이후 최재형은 자신이 안중근을 지키지 못했다고 여겨 안중근의 가족을 보살폈답니다.

저격 직전 이토 히로부미(왼쪽에서 두 번째)의 모습

마지막까지 모든 것을 내어 주다

일련의 여러 사건들로 이제 더 이상 러시아 정부는 최재형과 거래하지 않았어요. 자연스레 수입이 줄어들었지만, 1919년에 블라디보스토크 만세 운동을 주도하는 등 꾸준히 독립을 위해 활동했지요.

　모아 둔 자금을 독립운동에 쏟아부은 최재형은 러시아에서 여생을 보내다 일본군에 의해 세상을 떠났어요.

"대한 독립 만세, 만세, 만세!"

1919년, 3·1 운동에 참여한 남자현이 군중 속에서 목이 터져라 외쳤어요. 수많은 사람이 바라는 것은 오로지 하나, 대한 독립이었어요.

3·1 운동 참여를 계기로 남자현은 만주로 떠나야겠다고 생각했어요. 정녕 만주로 가야겠냐고 사람들이 물을 때마다 이렇게 대답했지요.

"단발령을 철회하라고 외치던 남편이 일본군에 목숨을 잃었습니다. 시어머니는 의병에 가담했던 아들을 두었다는 이유로 매 맞아 죽었고요. 가족뿐 아니라 우리 백성들을 짓밟고 있는 일본 놈들을 더는 두고 볼 수 없습니다. 만주에서 독립운동을 하는 이들이 많다고 하니 그들에게 따뜻한 밥이라도 지어 주고 싶습니다."

남자현은 짐을 챙기며 남편의 피 묻은 옷도 함께 넣었어요. 그러고는 상인 복장으로 갈아입은 후 아들 성삼과 함께 만주행 열차에 올랐지요. 기차가 출발하고 남자현이 아들에게 말했어요.

"내가 만주로 가는 것은 피하는 것이 아닌, 대한 독립을 위해 싸우고 이기려고 가는 것이다."

"어머니, 저도 일본을 이기고 싶습니다."

만주에 도착한 두 사람은 마차로 갈아탔어요. 중국어가 서툴기에 목적지가 적힌 종이를 마부에게 건넸어요. 구불구불한 길을 달린 마차는 통화 지역에 다 와서야 멈췄지요.

야트막한 초가집에 익숙한 두 사람은 망루처럼 높은 나무집들로 이루어진 이곳이 낯설었어요. 아는 얼굴도 없고 자신들을 반기는 이도 없었지요. 경계의 눈초리로 바라보는 몇몇 아이들만 보일 뿐이었어요.

'이곳이 우리나라였다면 아는 사람이 있었을 텐데……'

남자현이 주위를 두리번거리자 만주인이 마구 소리쳤어요. 알아들을 수 없었지요.

"무슨 말씀을 하시는지……"

그때 조선말이 들렸어요.

"조선에서 왔소?"

남자현이 돌아보며 고개를 끄덕였어요. 우리나라 사람이었어요. 남자현 대신 소리친 만주인에게 중국어로 대꾸해 주었어요. 만주인은 바닥에 침을 퉤 뱉고는 가 버렸지요.

"자기 땅도 아니면서 텃세를 부리기에 나를 찾아온 손님이라고 했소."

"고맙습니다."

"고맙긴요. 서러운 타향살이에 동포끼리 도와야지요. 이곳에 살려면 집을 먼저 지어야 해요. 빈집이 있긴 하지만 이방인이 사용하면 벌 떼처럼 달려들 것입니다."

'이곳에서도 나라 잃은 설움을 겪어야 하는구나.'

조국을 떠날 때 각오하긴 했지만 도착하자마자 난민 신세에 발목이 잡힐 줄은 몰랐어요. 남자현은 자신을 보고 있는 아들을 위해서라도 힘을 내기로 했어요.

"집이 완성될 때까지 저희 집에서 머무시죠. 우리 석이도 그쪽 아들과 비슷한 또래지 싶은데."

남자현은 오래전에 이곳으로 이주했다는 아주머니의 도움으로 만주 생활을 시작했어요.

집이 완성될 즈음 남자현은 서로 군정서에서 활동하기 시작했어요. 서로 군정서는 3·1 운동의 영향으로 만주에서 조직된 무장 독립운동 단체로, 농민들에게 군사 기술을 가르쳤어요. 아들 성삼도 어머니를 따라 서로 군정서에서 활동하기를 원했어요. 하지만 남자현은 허락하지 않았어요.

"성삼아, 몽당연필이 세상을 바꾸는 힘이 될 것이다. 그러니 지식을 먼저 쌓아야 해."

"어머니, 나라가 없어질 수도 있는데 공부라니요. 저도 어머니처럼 군대에 들어가겠습니다."

남자현은 성삼에게 글이 힘이 되는 세상이 올 거라 말했어요. 만주에 사는 아낙들에게도 세상이 어찌 돌아가는지 알아야 미래를 계획할 수 있다며 틈틈이 조선말을 가르쳤어요. 그리고 마침내 여자 교육회 10여 곳을 세우기까지 했지요.

남자현은 서로 군정서에서 활동하는 이들이 눈에 띄지 않도록 만주인들이 즐겨 입는 검정 두루마기를 지었어요. 그런데 검정 두루마기를 짓는 데 필요한 흑광목을 살 돈이 충분치 않았어요. 그럴 때면 주변 중국 공장에서 일감을 받아 와 돈을 마련했지요.

하지만 일에 대한 정당한 대가를 받기가 쉽지 않았어요.

"약속된 날짜를 넘겼으니 돈은 반밖에 못 줘. 제때 팔았어야 했는데 당신들이 늦게 줘서 그러질 못했으니 손해라고."

"이런 법이 어디 있습니까? 양이 많으니 이삼일 늦어도 된다고 하지 않았습니까?"

같이 일하던 여인이 중국 상인에게 목소리를 높였어요.

"당신 말대로라면 내가 거짓말을 한다는 건데. 내 나라에서 내가 거짓말을 왜 해! 나라도 없이 떠도는 게 불쌍해 도와줬더니. 고마운 줄도 모르고 어디다 대고 큰소리야?"

여인은 이러다 정말 돈을 못 받겠다 싶어 애원했어요. 하지만 상인은 여인을 쫓아내고 문을 닫아 버렸지요. 여인이 긴 한숨을 내쉬었어요. 남자현이 손을 내밀었어요.

"기운 내요. 나라를 구하겠다고 나선 이들이 많으니 그때까지만 견뎌 봅시다. 그리고 공장이 여기만 있는 것도 아니잖아요."

남자현은 '열심히 살아야지'라고 생각하는 순간마다 찾아오는 차별에 주저앉고 싶었어요. 같은 민족이 아니라는 이유로 난민의 노동력을 착취하고 그들이 필요로 하는 것만 쏙 빼앗아 가는 현실이 싫었어요. 그래도 일어났어요. 일본과 맞설 힘을 갖기 위해서는 억울해도 버텨야 했지요.

그러던 어느 날, 십여 명의 독립군이 일본군에게 쫓기던 중 남자현의 집에 숨어들었어요. 남자현은 성심성의껏 독립군을 보살폈어요.

"아이고, 발이 이게 뭐야. 자네는 어깨 부상이 심하네. 조금만 있어 보게."

남자현은 마을을 돌며 약재를 모았어요. 그러고는 좁쌀로 죽을 끓이고, 상처를 치료해 주었어요. 동상이 걸린 발은 따뜻한 옷가지로 감싼 후 밤새 주물러 주었고요.

"감사합니다. 어머니 덕분에 많이 나아졌어요. '죽는구나'라고 생각한 순간, 연기가 피어오르는 이 집이 눈에 들어왔어요."

"감사는 내가 해야지요. 나라 찾겠다고 온몸을 던지는 분들인데 밥상이 너무 초라해 미안합니다."

남자현은 좁쌀로 끓인 죽만 덩그러니 놓인 밥상을 가만히 바라보았어요.

"형님, 다음에 오시면 닭고기 요리 해 드릴게요. 봄이 되면 어머니가 닭 키운다고 했거든요."

성삼의 말에 독립군들이 모처럼 밝게 웃었어요. 그 순간 남자현은 이들이 있기에 언젠가 조국이 되살아날 것이라는 확신이 들었어요.

　며칠 후 몸을 다 추스른 독립군들이 떠난 날, 일본군 열댓 명이 집에 쳐들어왔어요.

　"이곳에 수상한 남자들이 있다는 첩보를 받았다. 샅샅이 뒤져라!"

　일본군들이 집안 곳곳을 헤집고 다녔어요. 그때 일본군 뒤에 쭈뼛거리며 서 있는 남자가 보였어요. 며칠 전 약재를 구하러 다닐 때 마주쳤던 만주인이었지요. 일본군은 열심히 집을 뒤졌

지만 그 어떤 것도 찾을 수 없었어요. 혹시나 하는 마음에 독립군이 떠나자마자 방 안을 정리한 것이 다했이었지요.

남자현은 일본군이 떠난 후 쭈뼛거리며 서 있던 만주인에게 소리쳤어요.

"나쁜 놈! 우리가 어떤 상황인 줄 알면서!"

만주까지 손을 뻗은 일본은 한인이 모이는 곳이라면 어디든 나타났어요. 그러고는 무자비하게 괴롭혔어요. 그러다 보니 만주에 사는 한인들은 일본군에게 고통 받고, 만주에 사는 원주민들에게 난민이라 업신여김을 당하는 이중고를 안고 살아야 했어요.

남자현은 한바탕 난리를 치른 후 완성된 두루마기를 가지고 서로 군정서를 찾았어요. 만나는 사람마다 남자현에게 인사를 건넸지요.

"환영합니다. 독립군의 어머니."

"어머니라니?"

알고 보니 남자현의 집에 머물렀던 독립군들이 남자현의 보살핌을 알리며, 마치 어머니 품에 머물다 온 것 같다고 얘기한 것이었어요. 남자현은 자신을 추켜세우는 말보다 자신의 집에 머물던 이들이 무사히 군에 복귀했다는 말이 더 고마웠어요.

남자현이 만주에 정착한 지도 여러 달이 지났어요. 여전히 만주 원주민들은 텃세가 심했지요. 우리나라 사람들에겐 값을 올려 받기 일쑤였고 채소는 상하기 직전의 것을 팔았어요. 그럴수록 남자현은 독립운동 단체나 군사 기관 등을 다니며 열심히 군자금을 모았어요. 감옥에 갇힌 독립운동가의 옥바라지도 자처했고요. 만주에 교회 열두 곳을 세워 독립 정신을 고취시키기도 했답니다.

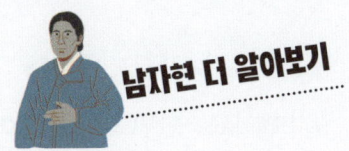

남자현 더 알아보기

의병 활동 중 세상을 떠난 남편

남자현은 열아홉 살에 안동에 사는 김영주와 결혼했어요. 1895년, 을미사변으로 곳곳에 의병이 일어났을 때 남자현의 남편도 나라를 구하고자 의병에 참여했지요. 하지만 1년 후 전투에서 사망하고 말았고, 스물다섯이었던 남자현은 홀로 아들을 낳았어요.

운명을 바꾼 3·1 운동

남편이 죽은 후 남자현은 시부모를 모시며 살았어요. 하루하루 자라는 아들을 보며 남편을 떠올렸고, 남편을 죽인 일본에 대한 복수심으로 밤잠을 설친 날이 많았지요.

1919년 3월 1일, 남자현의 운명을 바꾼 만세 운동이 벌

3·1운동 모습

115

어졌어요. 남자현은 자신도 나라를 구하기 위해 나서야겠다고 생각했어요. 한반도를 짓밟으려는 일본에게 본때를 보여 주고 싶었지요. 그렇게 남자현은 잘못된 것을 바로잡겠다는 결심 아래 48세의 나이에 만주로 떠났어요.

여성 계몽 운동의 중심에 서다

남자현은 여자 교육회를 만들어 여성들에게도 교육이 필요하다는 것을 알렸어요. 여성 계몽 운동에 힘쓴 것이지요.

이 밖에도 10여 곳의 교회와 예배당을 세워 동포들이 믿음을 기르고 정신을 일깨우도록 도왔어요. 또한 독립운동 조직들이 생각의 차이로 하나로 모이지 못하는 것을 안타까워하며, 이곳저곳에 흩어져 있는 독립운동 단체의 통합을 이끌어 내기도 했어요. 분열을 막기 위해 두 차례나 손가락을 잘라 혈서를 쓴 뒤, 동지들에게 독립 의지를 전했지요.

'우리가 이곳에 온 이유는 우리나라를 빼앗은 일본과 싸우러 온 것입니다. 같은 민족끼리 분열되어 갈등하려고 온 것이 아닙니다.'

"독립은 정신으로 이루어진다."

1926년 남자현은 조선 총독부의 우두머리였던 사이토 총독 암살 작전에 참여했어요. 독립운동가들이 공산당원으로 몰려 중국 경찰에 체포될 때 그들의 석방을 위해 큰 노력을 기울이기도 했지요.

만주의 일본 대사였던 무토 노부요시 암살 작전에도 참여했어요. 하지만 계획이 들통나며 하얼빈 일본 총영사관에 구금되어 조사를 받았지요. 체포된 남자현은 감옥에서 모진 고문을 당하며 죽음으로 일본에 저항하고자 15일 동안 단식 투쟁을 벌였어요. 이후 건강이 악화해 병보석으로 석방되었지만, 살날이 얼마 남지 않았음을 스스로 느꼈지요.

무토 노부요시

결국 남자현은 당시 자신이 가지고 있던 돈을 내놓으며 "사람이 죽고 사는 것은 먹는 데 있는 것이 아니고 정신에 있다. 독립은 정신으로 이루어지느니라."라는 말을 남기며 눈을 감았답니다.

1919년 2월 8일, 일본에서 유학 중인 조선 학생들이 대한 독립을 선언했어요.

'일본은 우월한 병력으로 대한 제국의 독립을 보전한다는 옛 약속을 어기고 대한 제국 황제와 정부를 위협하고 속여 넘긴 후 외교권을 빼앗아 일본의 보호국으로 만들었다. 또한 대한 제국이 세계 여러 나라와 교섭할 길을 끊고 상당한 시기까지라는 조건으로 사법과 경찰권을 빼앗으며 군대까지 해산했다.'

김경천은 2·8 독립 선언문을 듣고 끓어오르는 분노를 삭이지 못했어요.

'원수의 나라지만 독립운동에 필요한 군사 지식을 배울 때까지만 참는 거야.'라는 다짐으로 일본에서 근근이 버티고 있던 참에, 조국의 독립을 위해 나서야 할 때가 지금이라는 사실을 깨달은 것이지요.

사실 김경천은 나폴레옹 같은 군인이 되겠다는 꿈을 안고 1909년 일본 육군 사관 학교에 입학했어요. 당시 경쟁률은 100 대 1이나 되었지요. 그러나 1910년 일어난 국권 침탈로 날아 보지도 못한 채 꿈을 접어야 했어요.

"몸이 좋지 않아 잠시 고향에 다녀오겠습니다."

"병원은 일본이 더 좋을 텐데. 일본에서 머무는 것이 어떻겠나?"

일본군 장교의 제안에 김경천은 가족의 걱정이 크니 당분간 고향에 머물겠다고 둘러댔어요.

오랜만에 고향에 돌아온 김경천은 가족에게 자신의 뜻을 알리고 만주로 떠날 계획을 세웠지요. 일본 군인 신분이라 계획이 탄로 나면 사형은 물론, 가족도 무사하지 않을 것을 알기에 신중히 행동했어요.

김경천은 일본군을 속이기 위해 낮에는 병원과 당구장, 밤에는 술집을 오가는 생활을 이어 갔어요. 그리고 1919년 6월 6일, 마침내 압록강을 건넜지요.

만주에 도착한 김경천은 길 찾는 것을 도와주겠다는 인력거꾼에게 짐을 맡기고 인력거에 올랐어요. 인력거꾼은 김경천이 인력거에 탄 것을 확인하자마자 짐을 들고 멀리 달아나 버렸어요.

"이보시오! 거기 서시오!"

김경천은 인력거꾼을 쫓았어요. 하지만 사람이 많아 전속력으로 달릴 수 없었어요. 누군가 일부러 김경천에게 발을 걸기도 했고요.

"이런 못된 사람들을 봤나."

순식간에 빈털터리가 된 김경천은 만주인들의 텃세를 실감했어요. 이후 김경천은 이방인이라는 것을 숨기고 일본군의 눈을 피하기 위해, 중국 전통 옷으로 갈아입고 신흥 무관 학교로 향했어요.

신흥 무관 학교에서는 일본 육군 사관 학교 출신인 김경천을 반갑게 맞았어요.

"김경천 선생님, 환영합니다. 군사 전문가를 모실 수 있어 힘이 납니다."

"앞으로 잘 부탁합니다."

김경천의 눈에 생도들의 모습이 들어왔어요. 모두 낡은 옷을 입고, 피부는 거뭇하게 탔으며, 옆면이 터진 신발을 신고 있었지요. 김경천은 안타까웠어요. 우리나라에 있었다면 지금과는 다른 모습이었을 것이 분명했기 때문이에요. 하지만 금세 고개를 저었어요. 볼품없는 겉모습과 달리 생도들의 반짝이는 눈빛에서, 밤이 깊은 조국에 아침이 올 날이 머지않음을 느낀 것이었지요.

"군인에게 제일은 체력이다. 지금부터 산 타는 훈련을 시작하겠다. 나보다 늦게 도착한 생도는 다음 훈련 시 돌을 등에 지고 달려야 하니 최선을 다하기 바란다. 알겠나?"

"네!"

생도들의 대답이 메아리로 돌아오기도 전에 김경천과 생도들은 교실 문을 열고 달렸어요. 산속을 깨우는 우렁찬 소리에 놀란 참새 떼가 하늘 위로 날아올랐어요.

"헉헉……."

"숨, 숨이 너무 차……."

어느새 김경천과 생도들이 산에서 내려와 무관 학교 운동장에 도착했어요. 격한 훈련에 모두 벌러덩 누워 숨을 몰아쉬었지요.

힘겨운 훈련 이후 김경천은 생도들을 따라 식당으로 향했어요. 윤기라고는 조금도 없는 좁쌀밥과 콩장이 전부였어요. 조국에 있었다면 보리를 섞거나 채소 반찬이라도 먹었을 것이라 생각하니 마음이 무겁고 아팠어요.

그렇게 몇 개월간 신흥 무관 학교에서 교관으로 지내던 김경천은 서로 군정서에서 연락을 받았어요. 무기 구입 위원으로 선정되었으니 지금 바로 러시아 블라디보스토크로 와 달라는 내용이었지요.

블라디보스토크에 도착한 김경천은 도착하자마자 누군가로부터 쫓기는 남자를 봤어요. 철철 흐르는 피와 헝클어진 머리를 보아하니 폭행을 당하다가 도망치는 것 같았어요.

두려움이 가득 묻은 눈빛으로 고개를 돌리던 남자와 김경천의 눈이 마주쳤어요. '왜?'라는 생각과 함께 동포를 구해야 한다는 생각에 김경천은 남자의 손을 잡고 사람들이 많이 몰리는 곳으로 달렸어요. 뒤에서 들리던 호루라기 소리가 잦아들자 달리던 속도를 줄였지요. 김경천은 인적이 드문 골목길에서 동포를 살폈어요.

"괜, 찮, 습니까?"

숨이 차 말을 잇기 힘들었어요.

"우리나라 분이셨습니까? 고맙습니다. 선생님 덕분에 살았습니다."

김경천은 러시아 경찰에게 쫓기는 이유를 물었어요.

"저희는 나라 잃은 난민의 설움을 이곳에서도 느끼고 있습니다. 러시아 시장에서는 저희에게 물건을 잘 팔지 않아요. 저희에게 물건을 팔다 러시아 경찰에게 걸리기라도 하면 벌금을 내야 하거나 물건을 압수당하기 때문이지요. 저도 소금을 사러 나왔다가 터무니없는 가격을 부르기에 우리에게만 비싼 값에 파는 이유가 뭐냐고 따지다 이렇게 됐어요. 상인에게 한참을 맞고 있는데 호루라기 소리와 함께 러시아 경찰들이 들이닥치는 거예요. 잡히면 끝이겠다 싶어 죽을힘을 다해 도망치던 중이었는데……. 도와주셔서 고맙습니다. 그런데 뉘신지……."

동포의 말에 김경천은 러시아에서 유학 중인 학생이라고 둘러댔어요. 김경천은 다른 나라 땅이긴 하지만 사람답게 살 기회조차 주지 않고 자신들의 잇속을 위해 동포를 벼랑 끝으로 몰아붙이는 이곳에 오래 머무르고 싶지 않았지요.

블라디보스토크에서도 일본군의 감시는 여전했어요.

"사령관님, 러시아까지 손을 뻗친 일본이 마적단을 동원해 한인촌을 수시로 습격한답니다. 마적단이 휩쓸고 가면 남아나는 것이 없고요."

"이뿐만이 아닙니다. 마적단이 허구한 날 들이닥치니 한인촌 인근의 원주민들이 한인들만 보면 욕을 하고, 침을 뱉고, 심지어 어린아이들을 때리기까지 해요. 저희 때문에 살 수가 없다면서요."

"집이 불타 길거리에서 끼니를 빌어먹는 사람들도 부지기수라고 합니다."

청년의 말에 김경천은 잠을 이룰 수 없었어요. 집이 없어 길거리에서 쪼그리고 자는 동포들의 모습이 눈앞에 아른거렸어요. 동시에 일본에 대한 분노로 가슴이 벌렁거렸지요.

"동포들을 위협하는 놈들을 제거해야겠습니다. 독립운동을 못 하게 하려는 일본의 계획도 짓밟아 버릴 겁니다."

김경천은 한인촌의 청년들을 모아 의용군을 만들었어요. 의용군은 위급한 상황을 벗어나기 위해 민간인으로 조직한 군대예요. 김경천과 의용군은 밤낮을 가리지 않고 훈련했어요. 일본 육군 사관 학교에서 말을 타고 싸우는 기병술을 익힌 김경천은 의용군에게도 기병술을 가르쳤어요.

그렇게 마적단과의 전쟁을 선포한 지 네 달이 지났어요.

"마적단을 섬멸하기까지 얼마 남지 않았습니다. 군사들이여,

조금만 더 힘을 냅시다!"
 마침내 마적단의 뿌리를 뽑은 의용군은 환호를 내질렀어요.
 마적단을 소탕하는 사이 김경천은 러시아의 우랄산맥과 맞닿아 있는 시베리아 지역에서 명성을 얻었어요. 하얀 말을 타고 마적단을 쫓는 모습에 한인 동포와 러시아인 모두 김경천을 백마 탄 김 장군이라 불렀지요.

그 무시무시한 마적단도 백마 탄 김 장군이 등장했다고 하면 줄행랑을 칠 정도였거든요.

이후 김경천은 창해 청년단의 총사령관을 맡아 독립운동에 힘을 보탰어요. 러시아의 혁명 세력을 도우면서 지도자로서 소련의 인정을 받기도 했답니다.

 김경천 더 알아보기

일본 장교가 된 조선인

김경천은 열여섯 살에 관비 유학생으로 뽑혀 일본 육군 사관 학교에 입학했어요. 하지만 김경천이 일본 육군 사관 학교에서 힘든 교육을 견디는 사이 우리나라의 국권이 일본에 넘어가고 말았어요. 유학생들은 혼란스러웠어요. 학교를 그만두고 조국으로 돌아가는 것과 일본군 장교가 되는 것 중에 하나를 택해야 했지요.

학교에서 줄곧 1등을 하던 김경천은 졸업을 앞두고 일본군 장교가 되지 않겠다고 선언했어요. 그러자 일본군에서는 난리가 났지요. 당시 조선 총독이었던 데라우치가 김경천을 찾아와 설득했지요. 결국 김경천은 일본에 남겠다고 했어요. 원수의 나라지만 독립운동에 활용할 수 있는 군사 지식을 배우고 돌아가기로 한 것이지요.

1911년 일본군 기병 소위가 된 김경천은 조선 장교들과 친목회를 조직하며 때를 기다렸어요. 그리고 1919년 2·8 독립 선언을 계기로 고국으로 돌아가기로 마음먹었지요.

2·8 독립 선언을 주도한 일본 유학생들

신흥 무관 학교 합류

일본군을 떠난 김경천은 만주의 신흥 무관 학교를 찾았어요. 그곳에서 지청천 장군을 만난 김경천은 독립군 간부를 양성하기 위해 교관이 되어 생도들을 가르쳤어요. 또 독립군만의 독자적인 규칙을 만들기 위해 주요 전투 용어를 순한글식 표기법으로 정리했어요. 일본군과의 전쟁을 대비해 게릴라 전술이나 산악 지대를 이용한 전술 개발에 힘쓰기도 했답니다.

독립운동의 일인자가 되다

일본과 손잡은 마적단이 한인촌에 악행을 저지르자 김경천은 의용군을 만들어 마적단을 소탕하면서 '백마 탄 김 장군'이란 명성을 얻었어요. 이후 러시아군을 도와 내전을 수습하며 독립운동을 이어가던 중, 러시아에서 일본군이 철수하자 러시아는 김경천에게 무장 해

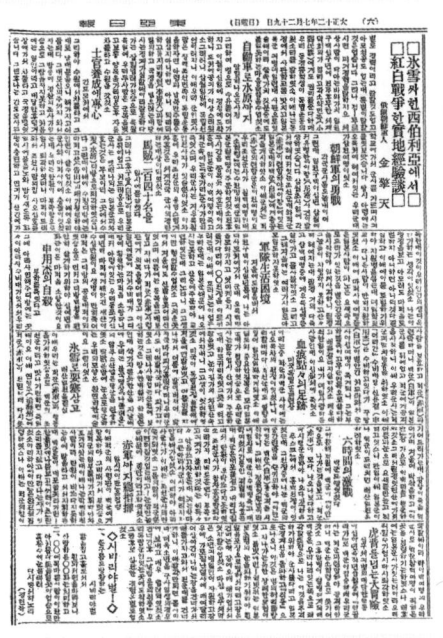

시베리아에서 펼친 독립운동에 관해 김경천이 쓴 경험담

제를 요구했어요. 이에 김경천은 상하이로 건너가 독립운동을 모색하다가 블라디보스토크로 돌아와 극동사범대에서 교사로 활동하며 항일 운동을 펼쳤지요.

하지만 1930년대 스탈린 정권의 숙청 작업으로 김경천은 일본 간첩으로 몰려 감옥에 갇혀 고문을 당했어요. 힘겹게 출옥한 김경천은 가족을 찾아 카자흐스탄으로 건너갔으나 또 다시

간첩죄로 체포돼 모스크바에서 강제 노동에 시달리다 1942년 숨을 거두고 말았답니다.

모든 것이 담긴 《경천아일록》

《경천아일록》은 김경천 장군이 쓴 일기예요. 일기에는 연해주로 망명해 항일 무장 투쟁을 벌인 이야기, 전우와 부하 그리고 조선에 두고 온 가족에 대한 그리움이 담겨 있지요. 무장 투쟁을 하며 대원들이 처했던 열악한 환경과 당시 독립운동가들의 모습, 전투 현장까지 자세하게 담겨 있답니다.